교과서 한자어

이 단어 뜻이 뭘까?

채영희 지음 | 곽호명 그림

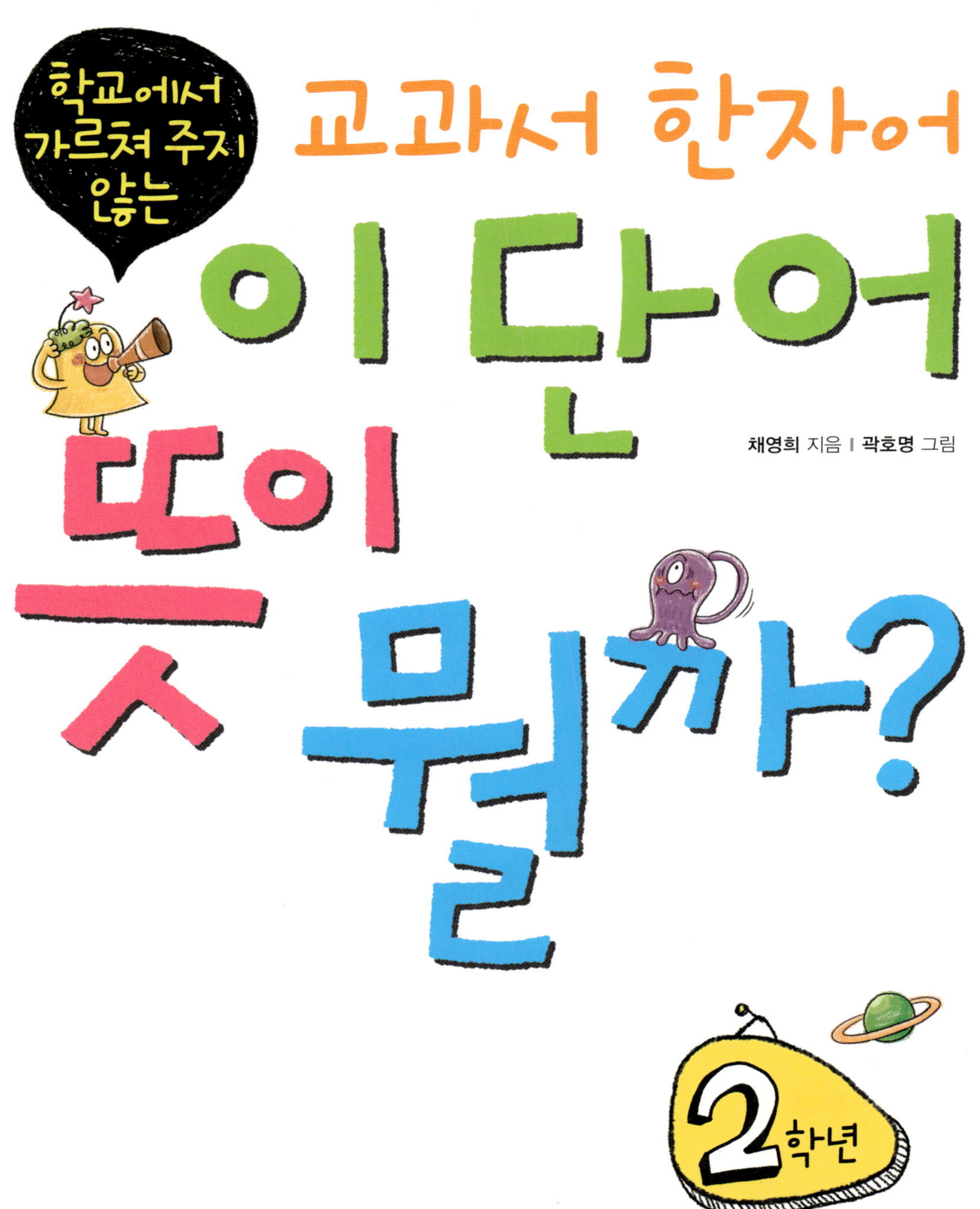

2학년

다락원

이 책이 필요한 진짜 이유

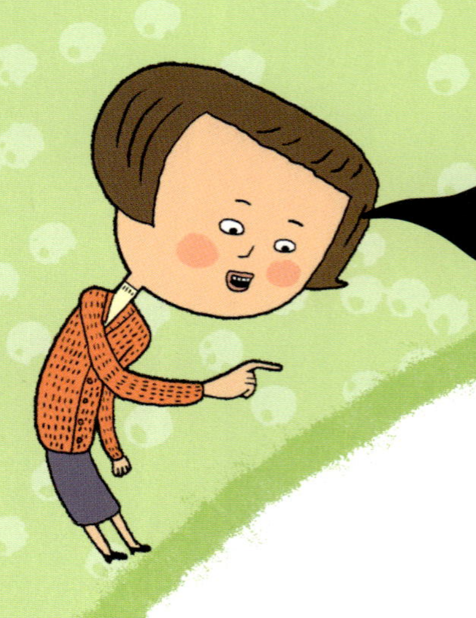

"선생님~ 세상에는 어떤 직업들이 있어요?"

"열 손가락으로 셀 수 없을 정도로 많지. 가수, 의사, 수의사……."

"수의사? 그런데 선생님! 수의사가 무슨 뜻이에요?"

"호호호! 이 책에 그 답이 있단다. 함께 찾아볼까요?"

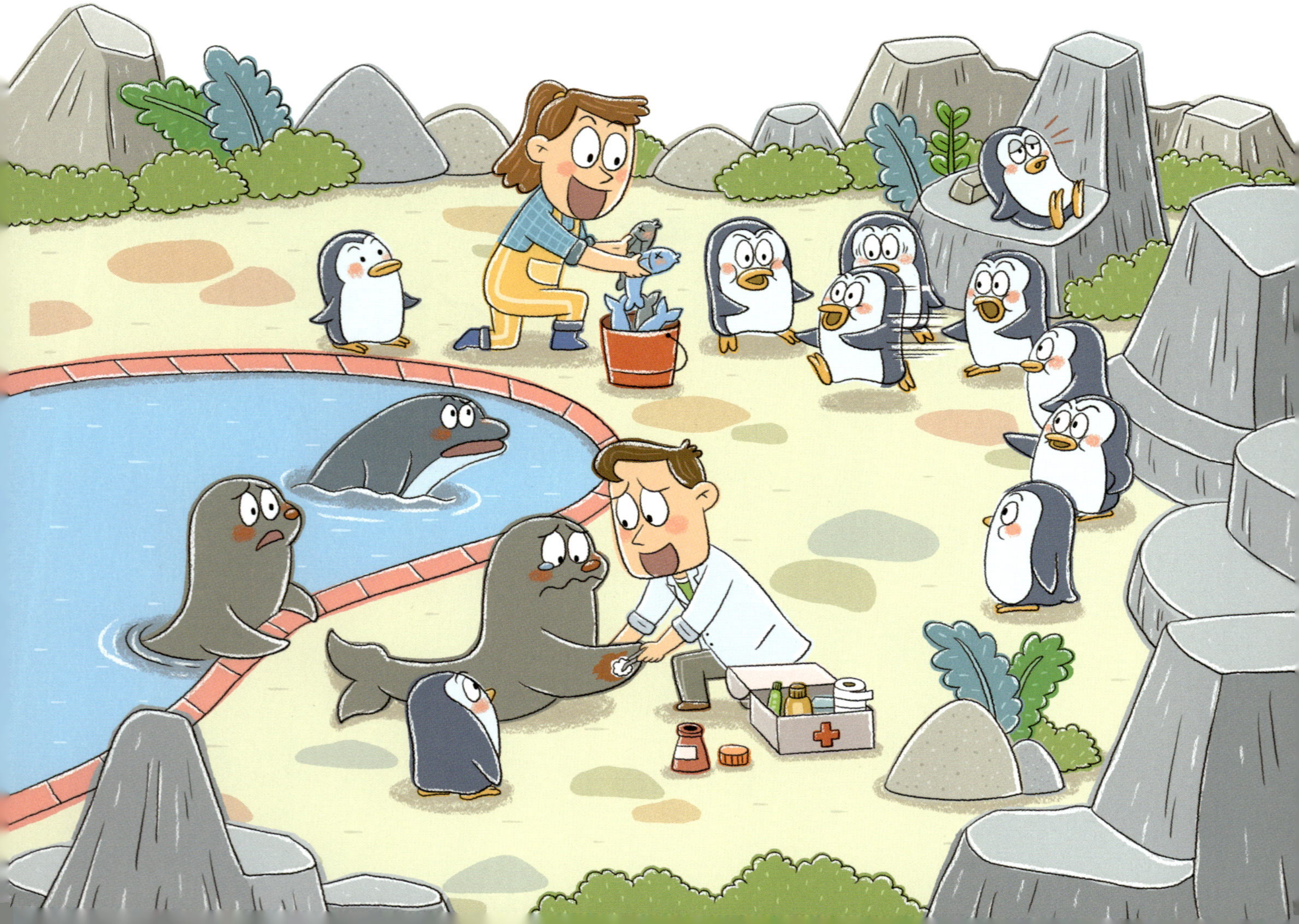

"책을 읽을 줄만 알지 내용은 모른다고요?"

2학년이 되면 웬만한 책은 혼자서 척척 읽을 수 있어요. 하지만 아이에게 읽은 내용을 가만히 물어보면 우물쭈물하는 모습을 볼 수 있을 거예요. 왜냐하면, 수박 겉핥기로 단어 뜻을 모른 채 입으로만 책을 읽었기 때문이랍니다.

"엄마, 이 단어 뜻이 뭐예요?"

교과서에는 알쏭달쏭한 단어들이 곳곳에 숨어 있어요. 특히나 아이들에게 한자어는 더욱 쥐약이지요. "엄마, 이 단어 뜻이 뭐예요?"라고 묻는 아이에게 매번 설명해 줄 수도 없는 노릇이고…. 그래서 많은 아이가 저학년 때부터 한자 공부를 시작하지요. 하지만 천자문만 달달 왼다고 어휘력이 늘어날까요? 무조건 한자를 외우는 공부는 어휘력이 늘지도, 개념을 이해할 수도 없어요. 외우지 않고도 한자 하나하나 뜻풀이하여 속뜻을 이해하면 아무리 어려운 단어라도 머릿속에 쏙쏙 들어온답니다.

"2학년부터 탄탄하게! 단어 공부 습관을 길러요."

이 책은 아이들이 스스로 읽으면서 자연스럽게 단어를 익힐 수 있도록 설계했어요. 억지로 외우는 것이 아니라 이해하며 익히기 때문에 훨씬 더 머릿속에 오래 남지요. 어릴 때부터 단어를 꼼꼼히 짚고 넘어가는 습관은 훗날 어려운 단어가 점점 더 많아지는 고학년에서 강력한 무기가 될 수 있어요!

"어휘력을 다지는 신 나는 단어의 세계로~"

자, 두 아이가 있어요. 한 아이는 단어의 속뜻을 꼼꼼히 짚고 넘어가는 아이, 또 다른 아이는 대충 단어의 의미만 알고 넘어가는 아이. 이 작은 차이가 시간이 흘러 고학년이 되었을 땐 결국 큰 차이가 되어 돌아옵니다. 이 책은 학교 공부의 밑거름을 다지는 친구들에게 단어의 뜻뿐만 아니라 공부에 흥미를 느낄 수 있게 도와줄 거예요. 그럼 이제 재미있는 단어의 세계로 출발해 볼까요?

채영희

한눈에 쏘옥~ 주제 파악하기

교과서에서 꼭 알아야 할 주제만 쏙쏙 뽑았지요. 어떤 내용을 만날지 한눈에 알 수 있다고요. 자, 이제 재미있는 만화까지 읽었으면 단어 공부 준비 완료!

이야기를 따라 단어의 속뜻이 술술!

이야기를 따라 재미있게 읽다 보면 어렵던 교과서 한자어가 식은 죽 먹기! 과목 공부도 덩달아 되니 이제 성적 오르는 건 시간문제지요.

참고 자료

더 궁금하고 재미있는
이야기가 와르르~

단어 카드

단어 카드를 보며 한자 하나하나 뜻풀이하면
어느새 속뜻이 술술~ 이해가 팍팍!
우와~ 개념이 보인다!

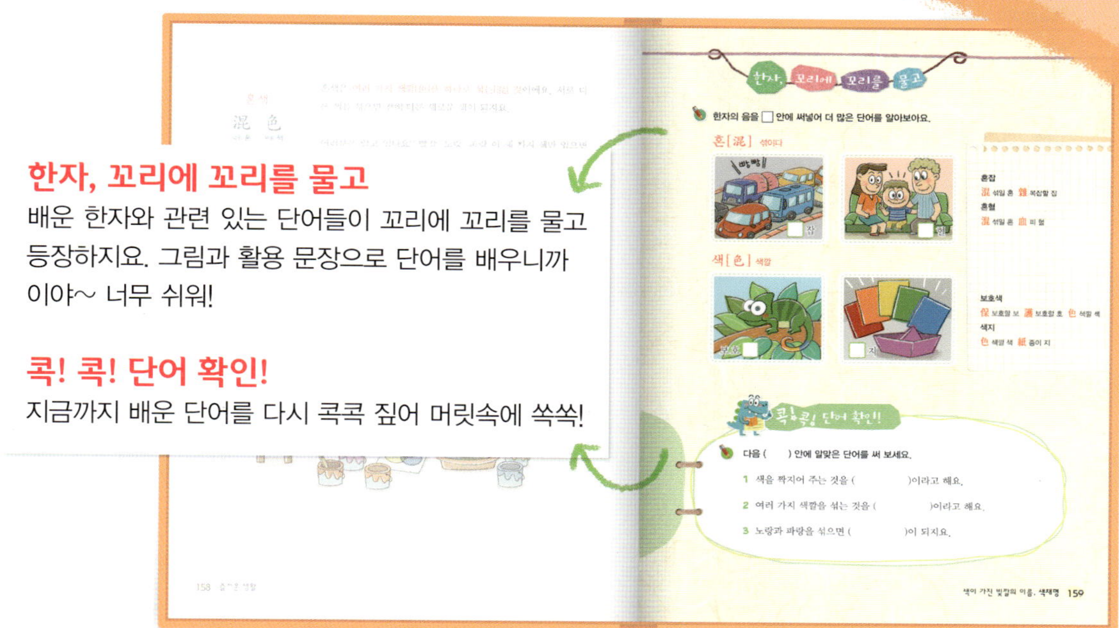

한자, 꼬리에 꼬리를 물고

배운 한자와 관련 있는 단어들이 꼬리에 꼬리를 물고 등장하지요. 그림과 활용 문장으로 단어를 배우니까 이야~ 너무 쉬워!

콕! 콕! 단어 확인!

지금까지 배운 단어를 다시 콕콕 짚어 머릿속에 쏙쏙!

단어 속뜻과 정답

잠깐! '한자, 꼬리에 꼬리를 물고'에 나오는 단어의 속뜻도 궁금하다고요? 부록에 단어의 속뜻과 정답이 있으니 걱정하지 마세요!

휘리릭 재빨리 단어 찾아보기

갑자기 교과서에서 어려운 한자어를 만났다면? 과목별 찾아보기, 가나다 찾아보기로 1초 만에 단어를 찾아볼 수 있어요.

차례
이 책의 순서는 이래요.
콕! 찍어 주는 국어 속 한자어
가나다 라마바 사아자 차카타 파하

콕! 찍어 주는
바른 생활
속 한자어

콕! 찍어 주는
수학 속 한자어

콕! 찍어 주는
슬기로운 생활
속 한자어

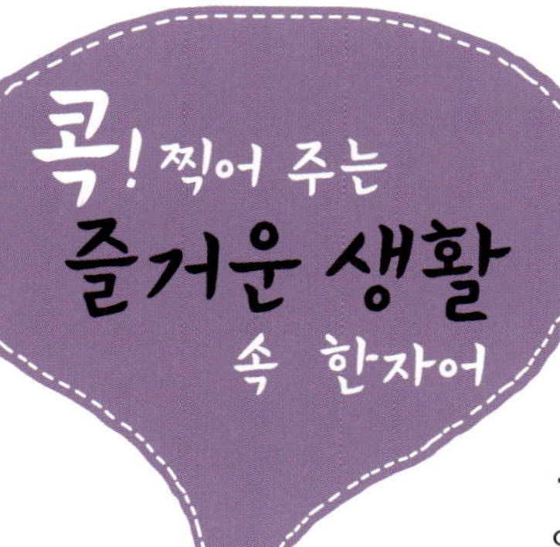
콕! 찍어 주는
즐거운 생활
속 한자어

부록

콕! 찍어 주는
국어 속 한자어

뜻을 알고
공부하니까
머리에도 쏙! 쏙!

되풀이하는 말, 반복

시는 노래에서 출발했어요. 옛사람들은 기쁜 일이나 슬픈 일이 있으면 노래를 불렀지요. 그 노랫말이 흘러 흘러 지금의 시가 되었답니다. 시에는 지은 사람의 생각과 느낌이 짧고 간단한 말로 담겨 있어요.

여러 가지 말이 모이면 하나의 시가 돼요. 위 시는 어떤 말이 모여 시가 됐는지 찾아볼까요? '호랑나비', '호랑호랑', '봄', '꽃'처럼 시[詩]에 쓰는 말[語]을 시어라고 해요.

가만히 시를 살펴보니 '호랑호랑'이란 말이 계속 나오지요? 이렇게 똑같은 말을 두세 번 되풀이하는[反復] 것을 반복이라고 해요. 시에 반복되는 말이 있으면 노래를 부르는 것 같아요. 호랑호랑~ 호랑호랑~ 어때요? 정말 노래를 부르는 것 같지 않나요?

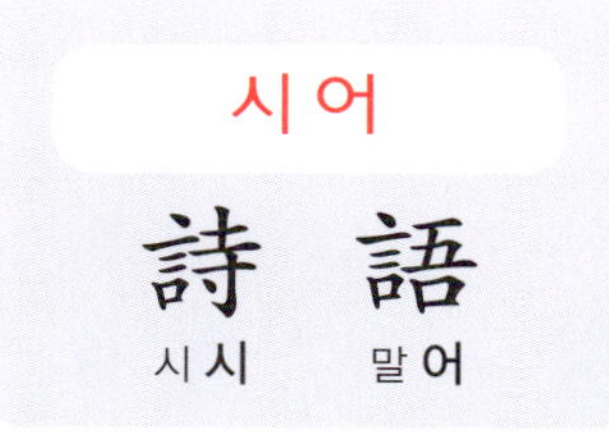

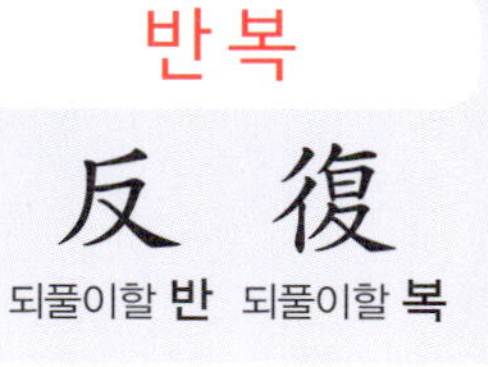

'호랑호랑'은 호랑나비가 나는 모습을 흉내 낸 말이에요. 시에는 소리나 모습을 흉내 내는 말이 많이 쓰여요. 강아지 소리는 '멍멍', 아기가 걷는 모습은 '아장아장'이라고 하는 것처럼 말이에요. 흉내 내는 말은 시를 더욱 생생하고 재미있게 만들어 주지요.

낭송

朗　誦

맑을 랑　　읊을 송

시를 맑은[朗] 목소리로 읽거나 외우는[誦] 것을 낭송이라고 해요. 시를 낭송할 때는 흉내 내는 말의 느낌을 살려 읽으면 더 재미있답니다. '나풀나풀'은 나비가 가벼운 날갯짓을 하는 것처럼 작고 얇은 목소리로 읽어요. 반대로 '쿵쿵'은? 커다란 코끼리가 걷는 것처럼 크고 굵은 목소리로 읽지요.

한자의 음을 □ 안에 써넣어 더 많은 단어를 알아보아요.

반[反] 돌이키다, 어기다

복[復] 되풀이하다, 돌아오다

반성문
反 돌이킬 반　省 살필 성　文 글 문

반칙
反 어길 반　則 법 칙

복습
復 되풀이할 복　習 익힐 습

회복
回 돌아올 회　復 돌아올 복

다음 (　　　) 안에 들어갈 알맞은 단어를 보기에서 골라 써 보세요.

보기	시어	낭송

1 시에 쓰는 말을 (　　　　　)라고 해요.

2 시를 (　　　　　)할 때는 흉내 내는 말에 느낌을 살려 읽어요.

일기는 자세하고 솔직하게!

일기

日　記
날 일　적을 기

하루를 끝마치고 잠들기 전에 해야 하는 일은 뭘까요? 오늘 하루 어떤 일이 있었는지 일기를 써야지요. 일기는 매일매일 그날[日] 있었던 일을 적은[記] 글이에요.

일기를 잘 쓰려면 어떻게 해야 할까요? 먼저 머릿속으로 오늘 가장 기억에 남는 일을 떠올려 봐요. 선생님께 칭찬받은 일, 체험 학습을 간 일, 심부름을 한 일처럼 특별한 일이 하나쯤은 숨어 있답니다. 그중에서 가장 중요하고 오래 기억하고 싶은 일을 딱 하나만 정해서 일기에 쓰는 거지요.

자, 그럼 아래 일기를 한번 살펴볼까요?

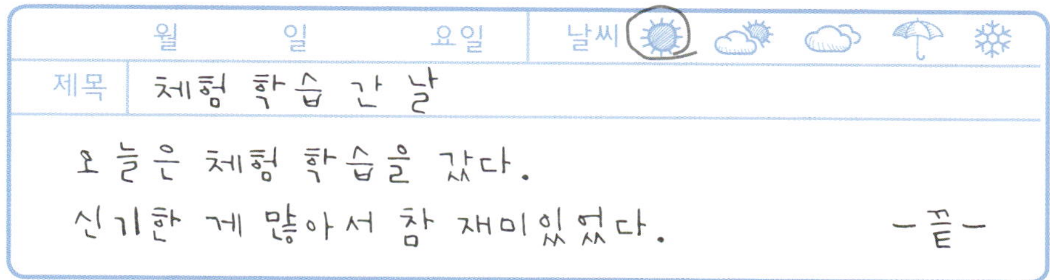

일기가 너무 짧지요? 어디로 체험 학습을 갔는지, 무엇을 구경했는지, 누구와 갔는지 전혀 알 수가 없어요. 일기를 쓸 때는 보고, 듣고, 겪은 일을 자세하게 쓰는 것이 좋아요. 자세란 작고[仔] 가는[細] 부분까지 하나하나 빠짐없는 것을 말해요. 느낀 점이나 깨달은 점까지 쓰면 더 좋은 일기가 될 수 있어요.

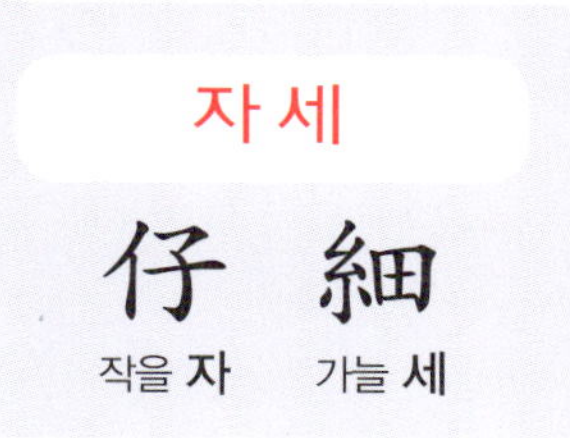

일기는 있었던 일을 있는 그대로 솔직하게 써야 해요. 솔직은 꾸밈없이[率] 바른[直] 것을 뜻해요. 거짓말로 꾸며 쓴 일기는 나의 진짜 일기가 아니겠지요?

일기를 쓰면 하루 일을 되돌아보며 스스로 반성하는 시간을 가질 수 있어요. 또, 오랜 시간이 흐른 뒤 일기를 보면 내가 그때 무슨 일을 했었는지 떠올릴 수 있지요.

이순신 장군도 일기를 썼나요?
임진왜란이라는 전쟁 중에 이순신 장군이 쓴 일기를 난중일기라고 한답니다. 난중일기를 보면 전쟁이 왜 일어났고 백성이 어떻게 생활했는지 자세히 알 수 있어요. 이렇게 한 사람의 일기가 후대 사람들에게는 중요한 기록이 될 수 있답니다.

✏️ 한자의 음을 □ 안에 써넣어 더 많은 단어를 알아보아요.

일[日] 날, 해

1 휴□에 가족과 함께 놀이공원으로 나들이를 갔어요.

2 해가 뜨는 것을 □출이라고 해요.

기[記] 적다

1 글을 쓰거나 받아 적는 일을 필□라고 해요.

2 암□는 마음속으로 적어 외우는 일이에요.

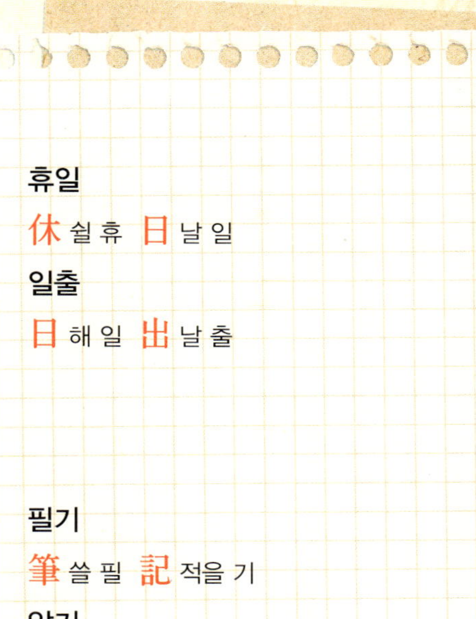

휴일
休 쉴 휴 日 날 일
일출
日 해 일 出 날 출

필기
筆 쓸 필 記 적을 기
암기
暗 욀 암 記 적을 기

콕! 콕! 단어 확인!

✏️ 다음 (   ) 안에 들어갈 알맞은 단어를 보기에서 골라 써 보세요.

보기　　　솔직　　　자세

1 일기를 쓸 때는 보고, 듣고, 겪은 일을 빠짐없이 (   )하게 써요.

2 꾸밈없이 바른 것을 (   )하다고 해요.

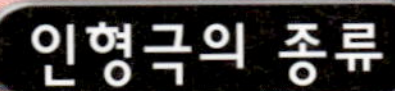

인형을 움직여 하는 연극, 인형극

인형극

人 形 劇
사람 인 모양 형 연극 극

인형극은 인형[人形]을 움직여 하는 연극[劇]이에요. 연극은 사람이 직접 무대에 올라 말과 행동으로 이야기를 전하는 예술이지만 인형극은 사람 대신 인형이 나와 이야기를 전하지요.

옛날에도 인형극이 있었나요?
우리나라 전통 인형극으로는 꼭두각시놀음이 있어요. 꼭두각시놀음은 광대들이 사람들 앞에서 탈춤, 줄타기와 함께 보이던 인형극으로, 지금까지 전해 오는 유일한 우리나라 인형극이에요.

인형극의 종류에는 여러 가지가 있어요. '줄 인형극'은 인형의 팔
과 다리에 줄을 매달아 움직이고, '손 인형극'은 구멍이 뚫린 헝겊
인형에 손을 넣어 움직이지요. 이밖에 직접 탈을 쓰는 '탈 인형극',
빛을 비춰 그림자로 표현하는 '그림자 인형극' 등이 있답니다.

연극에서 무대[場]에 오르는[登] 사람[人物]을 등장인물이라고 해
요. 인형극에서는 사람 대신 인형이 등장인물이 되지요. 즉 이야
기에 나오는 인물을 아울러 등장인물이라고 한답니다. 『해와 달이
된 오누이』에서는 호랑이, 떡 파는 엄마, 오빠, 여동생이 등장인물
이지요.

등장인물

登 場 人 物
오를 등　마당 장　사람 인　만물 물

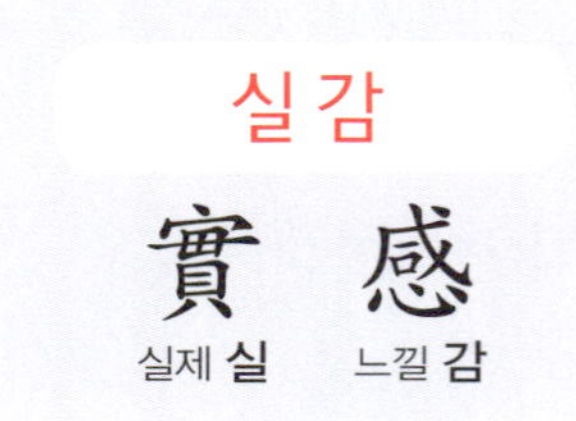

실감

實 感
실제 실　느낄 감

인형극을 실감 나게 표현하려면 어떻게 해야 할까요? 실감은 실제로[實] 몸소 겪는 느낌[感]을 말해요. 무대 위의 인형이 살아 움직이고 말하는 것 같은 느낌이 바로 실감이랍니다. 먼저 등장하는 인물의 마음을 헤아려야 인형극을 실감 나게 표현할 수 있어요.

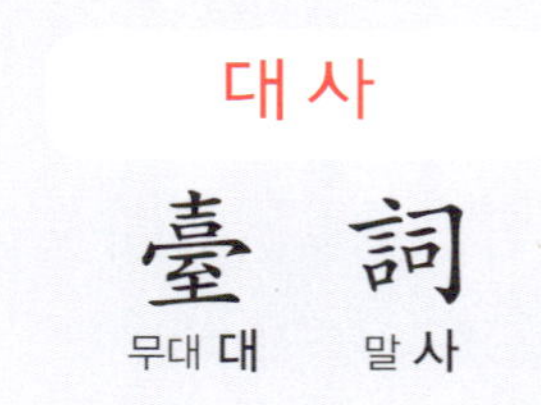

대사

臺 詞
무대 대　말 사

인형은 표정을 지을 수 없어서 대사와 몸짓을 상황에 맞게 잘 표현해야 해요. 대사는 무대[臺] 위에서 하는 말[詞]이에요. 『해와 달이 된 오누이』에서 "어흥! 떡 하나 주면 안 잡아먹지!"라는 호랑이의 대사를 작고 힘없는 목소리로 한다면? 전혀 무섭거나 실감 나지 않을 거예요.

한 가지 더, 등장인물의 특징과 성격에 맞춰 인형의 옷차림을 꾸며 주면 더 실감 나는 인형극을 할 수 있답니다.

✏️ 한자의 음을 ☐ 안에 써넣어 더 많은 단어를 알아보아요.

등[登] 오르다

등산
登 오를 등　山 산 산
등교
登 오를 등　校 학교 교

장[場] 마당, 곳

운동장
運 움직일 운　動 움직일 동　場 마당 장
입장료
入 들 입　場 곳 장　料 값 료

콕! 콕! 단어 확인!

✏️ 다음 ( ) 안에 들어갈 알맞은 단어를 보기에서 골라 써 보세요.

> **보기**　　인형극　　대사

(　　　　)은 인형을 움직여 하는 연극이에요. 인형은 표정을 지을 수 없어서 (　　　　)와 몸짓을 잘 표현해야 해요.

중간에서 알려 주는 것, 소개

소개

紹　介

이을 소　끼일 개

재미있는 책을 보았거나 새로운 친구를 사귀었을 때 다른 친구들에게 알려 주고 싶지요? 모르는 사실이나 사람을 잘 알도록 중간[介]에서 알려 주는[紹] 것을 소개라고 해요.

새 학년이 되면 반 친구 앞에서 자기 소개서를 발표하지요?
자기 소개서는 스스로[自] 자기[己]를 소개[紹介]하는 글[書]로,
처음 만난 사람에게 나를 알리는 글이에요. 이름, 나이, 좋아
하는 것 등 나에 대해 알 수 있는 내용을 차례대로 써요.

앗! 물건을 잃어버렸어요! 이럴 땐 잃어버린 물건을 다른 사람에
게 알리는 글을 써서 붙이면 찾을 수 있답니다. '노란색 바탕에 별
무늬가 있어요.', '딱딱하고 끝이 뾰족해요.'처럼 한눈에 알아볼 수
있는 물건의 특징과 생김새를 자세히 써요.

동물원에 가면 동물의 이름과 모습, 특징을 알려 주는 안내문이 있지요. 안내문은 모르는 내용[內]을 사람들에게 소개하고 인도하는[案] 글[文]이에요. 놀이공원, 지하철, 유적지, 박물관 등 다양한 곳에서 우리가 모르는 사실을 알려 준답니다.

시원한 강가에서 수영하려는데 '물이 깊으니 들어가지 마세요.'라고 쓰인 경고문이 보여요. 경고문은 사람들에게 어떤 행동을 하지 말거나 조심하라고[警] 알리는[告] 글[文]이랍니다. 옆집 벽에 쓰여 있는 '주차 금지'나 뒷집 할아버지네에 붙어 있는 '개 조심'도 경고문이지요.

✏️ 한자의 음을 □ 안에 써넣어 더 많은 단어를 알아보아요.

경 [警] 조심하다, 경계하다

□ 적

해 □

고 [告] 알리다

신 □

□ 백

경적
警 조심할 경   笛 피리 적

해경
海 바다 해   警 경계할 경

신고
申 말할 신   告 알릴 고

고백
告 알릴 고   白 말할 백

콕! 콕! 단어 확인!

✏️ 다음 (   ) 안에 들어갈 알맞은 단어를 보기에서 골라 써 보세요.

| 보기 | 안내문 | 자기 소개서 |

1 (   )는 스스로 자기를 소개하는 글이에요.

2 동물원에 가면 동물의 특징을 알려 주는 (   )이 있어요.

분명하게 밝혀 말해요, 설명

설 명

說 **明**
말할 **설**　밝을 **명**

꼴뚜기 왕자가 고깔모자를 알기 쉽게 설명했더라면 가족들이 제대로 알 수 있었을 텐데……. 설명은 다른 사람이 잘 알 수 있도록 분명하게 밝혀[明] 말하는[說] 것이랍니다.

설명하는 글을 쓸 때에는 가장 먼저 무엇을 설명할지 정해요. 만약 거북이를 설명하기로 정했다면 거북이가 어떤 동물인지 조사를 해야죠. 조사는 여러 가지 자료를 살펴보거나[調] 찾아보는[查] 일로, 책을 찾아보거나 컴퓨터를 이용할 수 있어요.

<table>
<tr><td>조 사</td></tr>
<tr><td>調　查</td></tr>
<tr><td>살필 조　조사할 사</td></tr>
</table>

조사도 다 끝났으니 이제 글을 써 볼까요? 글을 쓸 땐 조사한 내용 중에서 중요한 내용만 쏙쏙 뽑아 정리해요. 정리는 여기저기 흩어진 것을 모아 가지런히[整] 간추리는[理] 것이지요. 설명하는 글을 쓸 땐 읽는 사람이 알기 쉽게 쉬운 말로 정리하는 것이 좋답니다.

<table>
<tr><td>정 리</td></tr>
<tr><td>整　理</td></tr>
<tr><td>가지런할 정　간추릴 리</td></tr>
</table>

설명하는 글은 의견이 아닌 정확한 사실 그대로 쓰는 게 좋아요. 사실은 실제[實]로 있었던 일[事]로, 보고, 듣고, 경험한 것을 말하지요. 반대로 의견은 나의 뜻[意]과 생각[見]을 말해요. 설명하는 글을 쓸 때 내 생각과 의견을 담아 글을 쓰면 읽는 사람이 그것을 사실로 오해할 수 있으니 항상 조심!

그럼, 아래 설명하는 내용이 사실이면 '사실', 의견이면 '의견'을 (   ) 안에 구분하여 써 볼까요?

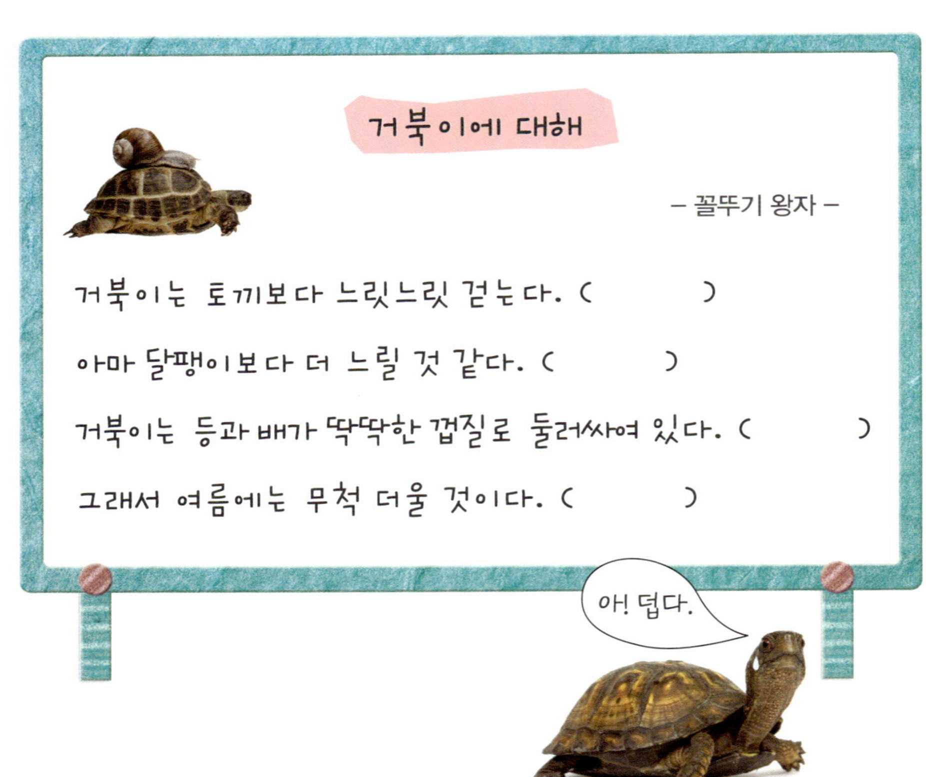

 한자의 음을 □ 안에 써넣어 더 많은 단어를 알아보아요.

사[事] 일

실[實] 실제, 참되다

식사
食 먹을 식　事 일 사
농사
農 농사 농　事 일 사

실력
實 실제 실　力 힘 력
성실
誠 정성 성　實 참될 실

콕! 콕! 단어 확인!

 다음 설명의 알맞은 단어에 ○ 해 보세요.

1 다른 사람이 잘 알 수 있도록 분명하게 말하는 것은 (설명/조사)(이)지요.

2 설명하는 글을 쓰기 전에 가장 먼저 해야 할 일은 (조사/정리)지요.

3 실제로 있었던 일을 (사실/의견)이라고 해요.

미루어 헤아려요, 추측

역시 척하면 척! 아빠가 낸 알쏭달쏭한 수수께끼를 엄마는 어떻게 딱 알아맞히시는 걸까요? 수수께끼란 어떤 물건을 설명해서 알아 맞히는 놀이를 말해요.

수수께끼 놀이는 언제부터 시작되었나요?

조선 시대에는 문제를 내고 맞힌 수만큼 항아리에 수수나무를 던져 많이 넣은 사람이 이기는 놀이를 했어요. 오늘날에는 문제를 내고 맞히는 놀이로 변해 '수수께끼'라는 이름으로 전해지고 있지요. 수수께끼의 수수는 '수수나무'를 뜻하고, 께끼는 '겨루다'라는 뜻이랍니다.

지금부터 수수께끼를 낼 테니, 설명을 잘 듣고 알아맞혀 보세요.

첫 번째 힌트! 다리가 무척 짧아요.

두 번째 힌트! 날개가 있지만 날지는 못해요.

이제 마지막 힌트! 눈이 내리는 몹시 추운 곳에 살아요.

딩동댕~ 정답은 바로 펭귄! 설명을 듣자마자 머릿속에 펭귄의 모습이 퐁! 떠올랐을 거예요. '짧은 다리', '날지 못하는 날개', '추운 곳에 사는 동물'은 모두 펭귄만이 가진 특징이니까요. 이렇게 **특별히[特]** 눈에 띄게 불릴만한[徵] 점을 특징이라고 해요. 수수께끼를 낼 때는 설명하려는 대상의 특징을 말해야 상대방이 알아맞히기가 쉬워요.

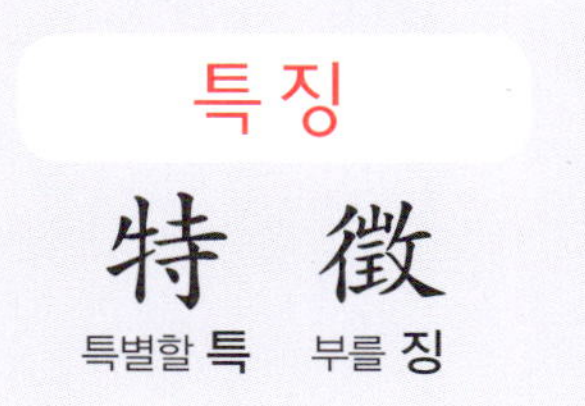

<table>
<tr><td>

추측

推 測
밀 **추**　헤아릴 **측**

</td><td>

수수께끼를 풀 땐 어떻게 하나요? 머릿속으로 '이걸까? 저걸까?' 생각하며 알아맞히지요? 이렇게 미루어[推] 생각하여 헤아리는[測] 것을 추측이라고 해요. 자로 물건의 크기를 요리조리 재는 것처럼 추측은 머릿속으로 요리조리 생각하고 헤아려 답을 찾아내는 거예요.

</td></tr>
<tr><td>

경험

經 驗
지날 **경**　겪을 **험**

</td><td>

친구가 낸 수수께끼를 풀려면 먼저 예전에 먹었던 과일들을 하나하나 떠올려 봐야지요. 사과, 딸기, 배, 바나나……. 그중 기차처럼 긴 과일은 없는지 생각해 보고, 샛노란 색을 가진 과일을 찾는 거예요. 아하! 정답은 바로 바나나! 수수께끼를 풀 때 자신이 경험했던 일을 떠올려 보는 것도 좋은 방법이에요. 경험은 자신이 지낸[經] 시간 동안 겪었던[驗] 일을 말하지요.

</td></tr>
</table>

✏️ 한자의 음을 ☐ 안에 써넣어 더 많은 단어를 알아보아요.

특 [特] 특별하다

1 특별히 잘 그려 뽑은 작품을 ☐선이라고 해요.

2 특별히 혼자만 다를 때 독☐하다고 해요.

험 [驗] 겪다, 시험하다

1 주말에 농촌으로 체☐ 학습을 다녀왔어요.

2 실제로 시험해 보는 것을 실☐이라고 해요.

특선
特 특별할 특　選 가릴 선
독특
獨 홀로 독　特 특별할 특

체험
體 몸 체　驗 겪을 험
실험
實 실제 실　驗 시험할 험

콕! 콕! 단어 확인!

✏️ 다음 (　　　) 안에 들어갈 알맞은 단어를 보기에서 골라 써 보세요.

보기	특징	경험

1 '짧은 다리', '날지 못하는 날개'는 펭귄이 가진 (　　　　　)이에요.

2 수수께끼를 풀 땐 자신이 (　　　　　)했던 일을 떠올려 보는 것도 좋은 방법이에요.

진심으로 타이르는 말, 충고

칭찬

稱　讚
이야기할 칭　기릴 찬

열심히 공부해서 시험을 잘 봤을 때 엄마가 "정말 많이 노력했구나. 대단한걸!"이라고 칭찬해 주시면 기분이 날아갈 듯 좋아지지요. 칭찬은 좋은 점이나 착한 일을 잘했다고[讚] 이야기하는[稱] 말이에요.

만약 친구가 길거리에 과자 봉지를 버렸다면 어떻게 해야 할까요? 친구에게 "쓰레기를 아무 데나 버리면 안 돼."라고 충고해 주어야 겠지요? 충고는 다른 사람의 잘못을 진심[忠]으로 타이르는[告] 말이에요. 충고할 땐 상대방의 기분이 상하지 않도록 부드러운 말투로 조심스럽게 이야기해요.

조언은 상대방에게 도움[助]을 주는 말[言]이에요. 친구가 피아노를 배울지 태권도를 배울지 고민하고 있을 때 "태권도를 배우는 게 어때? 몸이 더 건강해질 거야."라고 말해 주는 것이 바로 조언이랍니다. 충고와 조언 모두 상대방을 위해 진심을 담아 하는 말이에요.

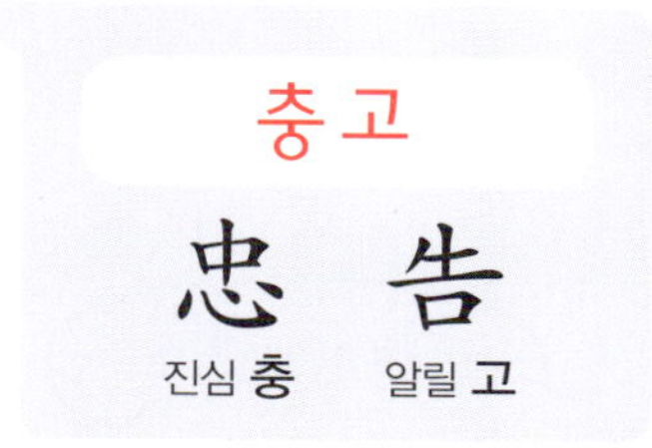

부탁

付 託
청할 **부**　맡길 **탁**

어떡하면 좋죠? 가족은 집에서 기다리고 있을 텐데, 청소 당번에 딱! 걸려 버렸네요. 이렇게 혼자 해결할 수 없는 곤란한 상황이 생겼을 때, 끙끙 앓는다고 문제가 해결되진 않아요. 다른 사람에게 곤란한 상황을 조심스럽게 말하고 부탁하면 걱정거리를 해결할 수 있어요. 다른 사람에게 어떤 일을 해달라고 청하여[付] 맡기는[託] 말을 부탁이라고 한답니다.

부탁하는 글을 쓸 때에는 부탁하는 내용과 까닭을 정확하게 써요. 또, 읽는 사람을 생각하며 예의 바르고 고운 말을 써야 한답니다.

✏️ 한자의 음을 ☐ 안에 써넣어 더 많은 단어를 알아보아요.

충[忠] 충성

1 충성스러운 신하를 ☐신이라고 해요.

2 이순신 장군을 ☐무공이라고 불러요.

고[告] 알리다

1 조심하도록 알려 주는 것을 경☐라고 해요.

2 드라마가 끝난 후에 미리 다음 예☐편을 보여 줘요.

충신
忠 충성 충　臣 신하 신

충무공
忠 충성 충　武 굳셀 무　公 벼슬 공

경고
警 조심할 경　告 알릴 고

예고편
豫 미리 예　告 알릴 고　篇 작품 편

콕! 콕! 단어 확인!

✏️ 다음 단어에 해당하는 말을 바르게 연결해 보세요.

칭찬　◉　　　　　◉　"사용한 물건은 제자리에 갖다 놔야지."

충고　◉　　　　　◉　"네 웃는 얼굴을 보면 나도 덩달아 기분이 좋아져."

초대하는 편지, 초대장

초 대

招 待
부를 초　대접할 대

생일에는 친한 친구를 불러 맛있는 음식을 나눠 먹으며 흥겨운 생일잔치를 벌이지요? 초대는 어떤 모임에 사람들을 불러서[招] 대접하는[待] 일을 말해요.

한꺼번에 많은 사람을 초대할 때에는 초대장을 보내는 것이 좋아요. 초대장은 초대[招待]하는 말을 쓴 편지[狀]예요. 생일잔치뿐 아니라 백일잔치, 칠순 잔치, 결혼식 등 많은 사람이 모여 함께 축하할 일이 있을 때 초대장을 보낸답니다.

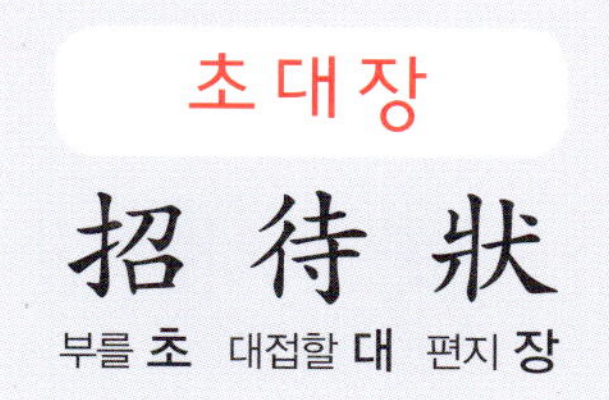

초대장에는 보내는 사람, 초대하는 이유, 만나는 곳과 시간을 빠뜨리지 않고 꼭 써야 해요. 다 쓴 후엔 예의 바른 말로 썼는지, 빠뜨리거나 틀린 내용은 없는지 다시 한번 확인!

멀리 떨어져 있는 친구가 어떻게 지내는지 궁금할 때에는 편지를 써요. 편지는 소식[便]이나 전하고 싶은 말을 쓴 종이[紙]예요. 옛날에는 손수 종이에 편지를 썼지만, 요즘은 컴퓨터로 간단하고 빠르게 편지를 보낼 수 있답니다.

편지를 쓸 때 꼭 써야 하는 것들이 있어요. 첫머리에는 인사말과 함께 안부를 묻고 내 안부도 전해 줘요. 안부는 편지를 받는 사람이 편안하게[安] 잘 지내는지 그렇지 않은지[否] 묻는 말이에요.

편지의 가운데에는 하고 싶은 말과 편지 쓴 이유를 써요. 상대방이 알기 쉽게 글씨는 또박또박, 예의 있는 말로 쓰지요.

마지막으로 끝인사와 함께 편지를 쓴 날짜, 보낸 사람을 차례대로 쓰면 편지 쓰기 끝!

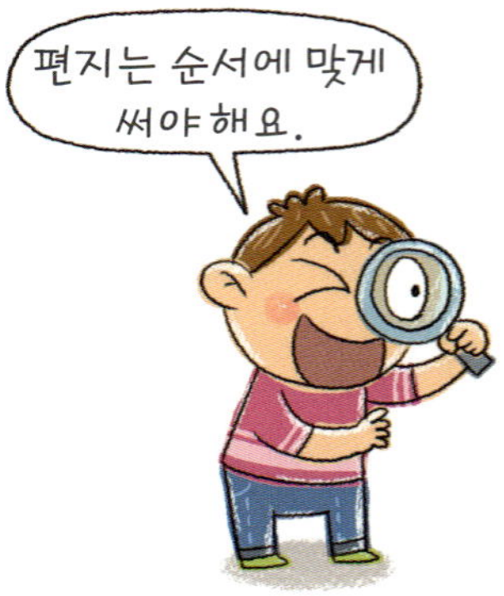

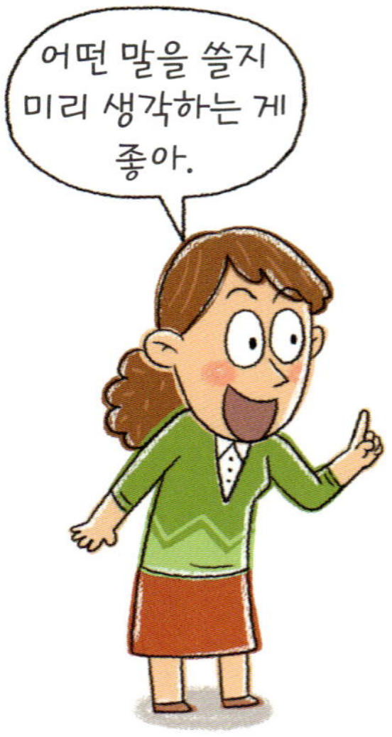

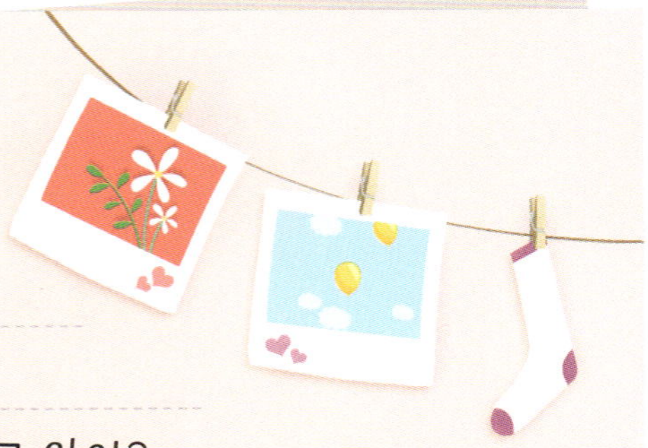

받는 사람	보미에게
첫인사	안녕? 나 연수야.
안부	여름 방학은 잘 보내고 있어?
하고 싶은 말	네가 보낸 편지는 잘 읽었어. 할머니 댁에서 즐겁게 지내고 있다니 정말 좋겠다. 할머니 댁에서 오면 나랑 재미있게 같이 놀자! 자, 약속~!
끝인사	그럼 남은 방학 재미있게 보내고 잘 지내.
쓴 날짜	○○월 ○○일
보낸 사람	서울에서 연수가

 **한자, 꼬리에 꼬리를 물고**

한자의 음을 ☐ 안에 써넣어 더 많은 단어를 알아보아요.

초[招] 부르다

대[待] 기다리다

초인종
招 부를 초 人 사람 인 鐘 종 종
초청
招 부를 초 請 청할 청

대피
待 기다릴 대 避 피할 피
기대
期 바랄 기 待 기다릴 대

 **콕! 콕! 단어 확인!!**

다음 (   ) 안에 알맞은 단어를 써 보세요.

1 생일잔치에 친구들을 불러 대접하는 일을 (   )라고 해요.

2 (   )에는 초대하는 이유, 만나는 곳과 시간을 꼭 써요.

3 편지를 쓸 때 가장 먼저 인사말과 함께 (   )를 물어요.

모여 의논하는 일, 회의

<table>
<tr><td>

회 의

會   議
모일 회   의논할 의

</td><td>

학교에서 친구들과 청소 당번을 정할 때, 집에서 가족들과 휴가 갈 곳을 정할 때처럼 어떤 것을 결정하기 위해 회의를 하지요? 회의는 여러 사람이 모여[會] 어떤 일에 대해 의논하는[議] 것이에요.

</td></tr>
</table>

반 아이들이 모여 어떤 방법으로 짝을 정할지 회의를 하고 있어요. 모두 제각기 다른 의견을 내놓고 있네요. 사람마다 얼굴 생김새가 다르듯이 의견도 사람마다 다를 수 있답니다.

내 의견을 다른 사람에게 말하는 것을 주장한다고 해요. 주장은 자신이 주로[主] 내세우는[張] 생각을 말해요. 하지만 무조건 내 생각을 고집하는 것은 떼쓰는 것과 다름없겠지요? 주장은 내 의견과 함께 그렇게 생각하는 까닭을 차근차근 말해 다른 사람이 내 의견을 받아들이도록 하는 거랍니다.

주장을 잘하는 방법은 무엇이 있을까요? 주장하기 전에 미리 할 말을 생각해 두거나 글로 써 보는 것이 좋아요. 주장할 땐 자신감 있는 표정과 목소리로 말해야 하지요.

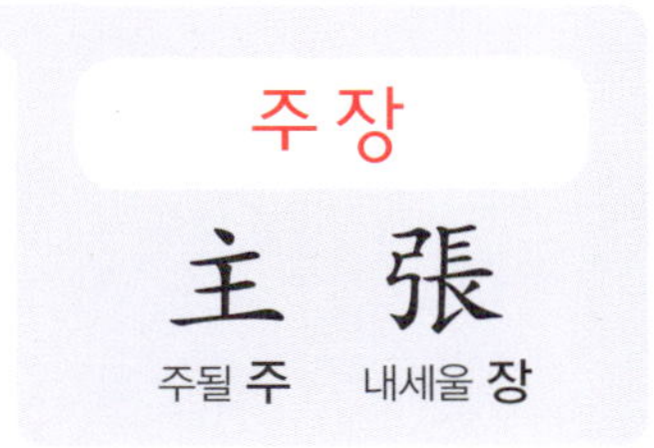

찬성

贊 成

도울 **찬**　이룰 **성**

반대

反 對

뒤집을 **반**　마주할 **대**

회의할 때 다른 사람의 주장이 옳다고 생각되면 찬성하고 그렇지 않으면 반대하지요. 찬성은 다른 사람의 의견을 도와[贊] 그것이 이루어지도록[成] 하는 것이에요. 반대는 다른 사람의 의견에 따르지 않고 맞서[對] 거스르는[反] 것이지요.

하지만 내 생각과 다르다고 무조건 다른 사람의 주장이 잘못되었다고 생각해서는 안 돼요. 내 의견이 소중한 만큼 다른 사람의 의견도 소중하니까 말이에요. 서로의 의견을 받아들이고 조금씩 양보하면 모두가 만족하는 결정을 할 수 있답니다.

✏️ 한자의 음을 ☐ 안에 써넣어 더 많은 단어를 알아보아요.

회 [會] 모이다

1 모임을 대표하는 우두머리를 ☐장이라고 해요.

2 학교에서는 월요일 아침에 조☐를 해요.

의 [議] 의논하다, 의견

1 서로 의논하는 것을 상☐라고 해요.

2 다른 의견이 있을 때 이☐가 있다고 해요.

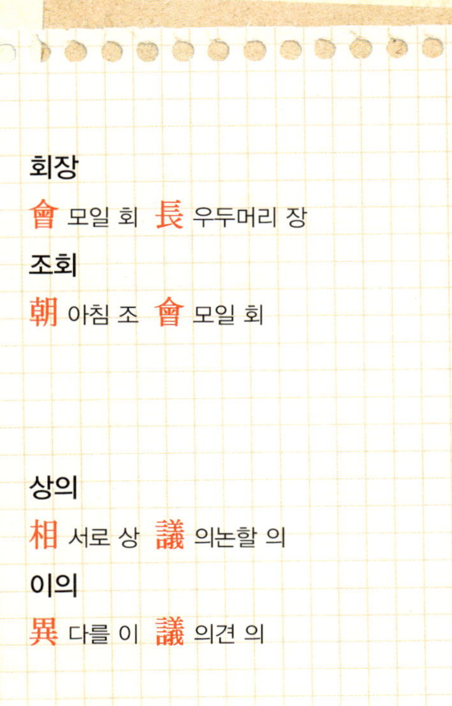

콕! 콕! 단어 확인!

✏️ 다음 ( ) 안에 들어갈 알맞은 단어를 보기에서 골라 써 보세요.

> **보기**　　　　　　주장　　　　　회의

1 여러 사람이 모여 어떤 일에 대해 의논하는 것을 (　　　　)라고 해요.

2 내 의견을 (　　　　)할 때는 까닭도 함께 말해요.

미리 헤아려 봐요, 예측

상상

想 像
생각할 상 모양 상

이야기책을 읽을 때 이야기의 내용을 상상하며 읽으면 더욱 재미있지요. 상상은 실제로 일어나지 않은 일이나 모습[像]을 머릿속에 그려 보고 생각하는[想] 것이에요.

『흥부와 놀부』에서 흥부가 박을 타는 장면을 상상하며 읽어 볼까요? 집채만 한 박에서 금은보화가 와르르~ 와! 마치 부자가 된 기분이에요. 이야기 속 장면을 상상하며 읽으면 이야기가 더 재미있고 흥미진진하답니다.

이야기책을 읽을 때에는 일이 일어나게 된 순서[次]나 규칙[例]인 차례를 생각하며 읽어요. 흥부가 제비의 부러진 다리를 고쳐 주었더니 제비는 은혜를 갚으려고 흥부에게 박씨를 물어다 주었지요. 이렇게 이야기의 차례를 생각하며 읽으면 이야기의 내용을 더 잘 이해할 수 있어요.

아래에는 『흥부와 놀부』 이야기의 그림 카드가 뒤죽박죽 섞여 있어요. 이야기가 일어난 차례대로 빈칸에 번호를 써 볼까요?

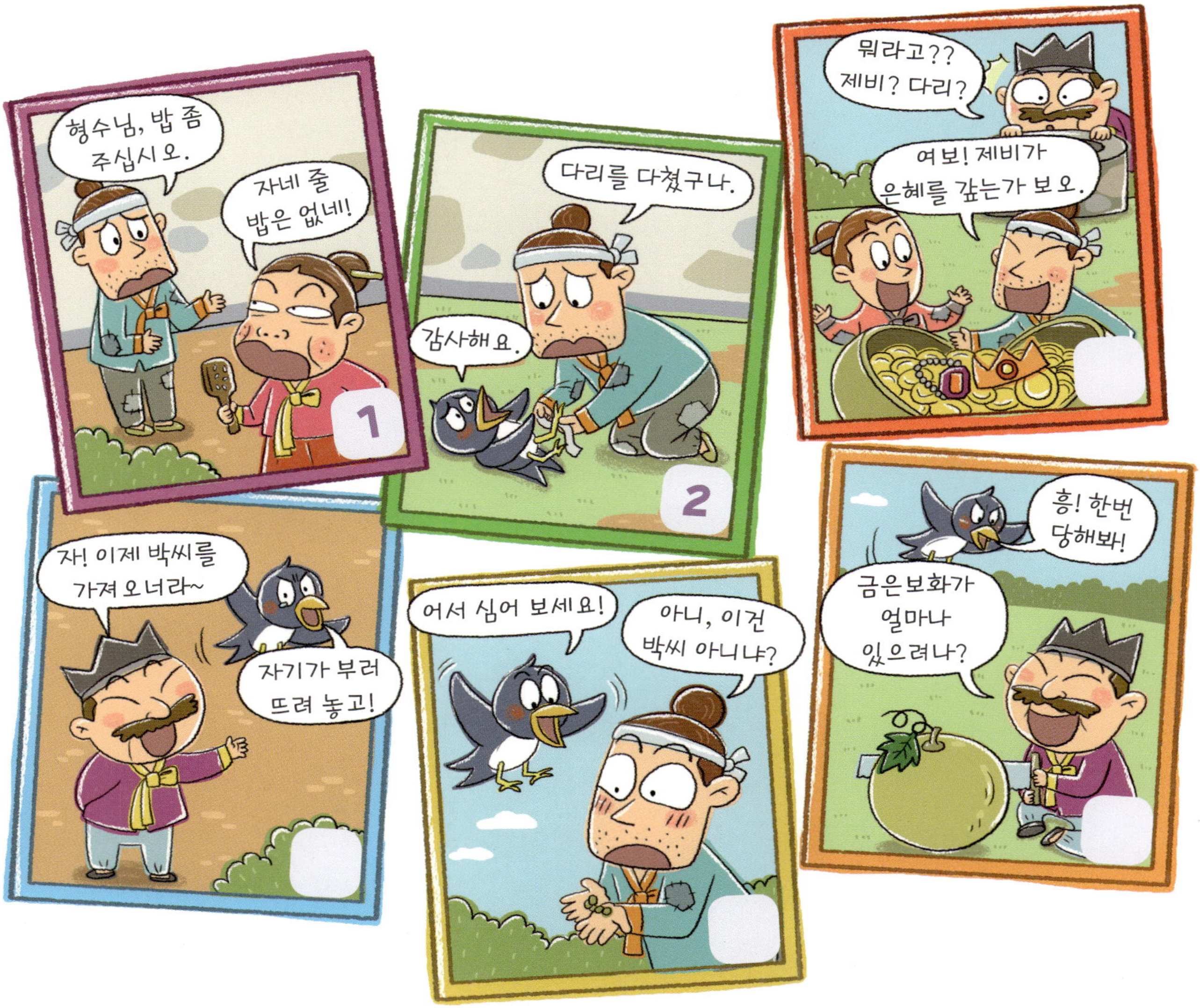

놀부가 큰 박을 슬금슬금 타고 있네요. 과연 놀부의 박에는 무엇이 들어 있을까요? 금은보화가 가득 들어 있을 거라고 상상하는 친구도 있고 맛있는 음식이 있을 거라고 상상하는 친구도 있군요. 이렇게 뒷이야기는 사람마다 다양하게 상상할 수 있답니다.

하지만 앞 이야기를 살펴보면 뒷이야기가 어떻게 이어질지 더 잘 예측할 수 있어요. 예측은 앞으로 일어날 일을 미리[豫] 헤아려[測] 보는 것이지요. 놀부는 금은보화를 가지려고 일부러 제비 다리를 똑 부러뜨렸지요? 괘씸하게 생각한 제비는 놀부를 혼내 주려고 박씨를 물어다 주었어요. 그러니 놀부가 상을 받기보다는 큰 벌을 받을 것으로 예측할 수 있지요.

예측

豫 測

미리 **예**　헤아릴 **측**

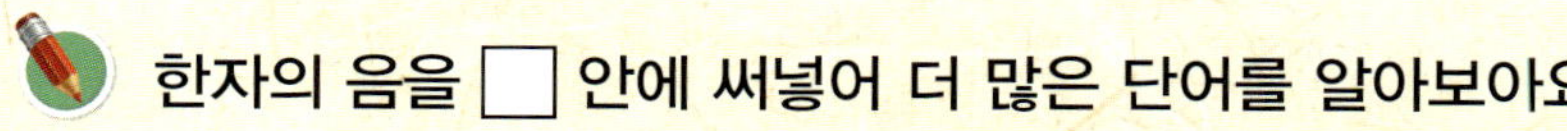

한자의 음을 ☐ 안에 써넣어 더 많은 단어를 알아보아요.

상 [想] 생각하다, 생각

1 미리 생각하는 것을 예☐이라고 해요.

2 책을 읽고 독서 감☐문을 썼어요.

상 [像] 모양

1 초☐화는 사람의 모습을 보고 닮게 그리는 그림이에요.

2 동화 작가는 뛰어난 상☐력을 가지고 있어요.

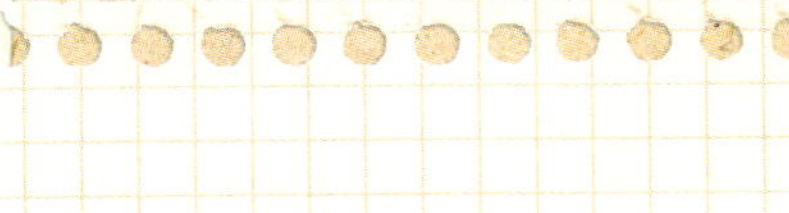

예상
豫 미리 예 想 생각할 상
감상문
感 느낄 감 想 생각 상 文 글 문

초상화
肖 닮을 초 像 모양 상 畫 그림 화
상상력
想 생각할 상 像 모양 상 力 힘 력

다음 (　　) 안에 들어갈 알맞은 단어를 보기에서 골라 써 보세요.

보기	예측	차례

1 이야기책은 이야기의 (　　　　　)를 생각하며 읽으면 이야기의 내용을 더 잘 이해할 수 있어요.

2 앞으로 일어날 일을 미리 헤아려 보는 것을 (　　　　　)이라고 해요.

콕! 찍어 주는
수학 속 한자어
콕! 찍어 주는 걸

뜻을 알고
공부하니까
머리에도 쏙! 쏙!

수를 나타낸 글자, 숫자

숫자는 **수[數]**를 알아볼 수 있게 나타낸 **글자[字]**를 말해요. 우리 나라에서는 읽기 쉽게 '수'에 'ㅅ'을 덧붙여 '숫자'라고 읽어요. 0부터 9까지 열 개의 숫자만 있으면 어떤 수라도 읽고 쓸 수 있답니다.

숫자

數 字
셀 수　글자 자

숫자 1은 '일'이라고 읽어요. 1이 열 개 모이면 10이 되지요. 10은 '십'이라고 읽어요. 10이 열 개 모이면? 바로 100이 되지요. 100은 '백'이라고 읽는답니다.

100부터 999까지의 수는 세 개의 숫자로 이루어진 수라 '세 자리 수'라고 해요. 세 자리 수는 숫자가 자리한 위치에 따라 오른쪽부터 '일', '십', '백'이라는 자릿값을 가져요. 그럼 아래 세 자리 수를 한번 읽어 볼까요?

3보다 10이 크다는 건 쉽게 알 수 있지요? 그럼 10보다 큰 수들은 어떻게 비교할까요? 가장 먼저 자릿값을 살펴봐야지요. 74보다 110이 더 큰 것처럼 자릿값이 높을수록 더 큰 수랍니다. 자릿값이 똑같을 때에는 어떻게 해야 할까요? 가장 높은 자리 숫자부터 차례대로 비교하면 쉬워요.

10, 20, 30은 '십', '이십', '삼십'으로 읽지요? 여기서 공통으로 들어가는 '십'이 바로 단위랍니다. 단위는 수를 나타낼 때 기초가 되는 하나[單]의 자리[位]라는 뜻이에요. 단위는 숫자의 자리를 구분하는 데 쓰여요. 십의 자리 단위는 '십', 백의 자리 단위는 '백'이 되는 것이지요.

단위는 수뿐만 아니라 물건의 수나 양, 길이, 무게 등을 구분하는 데에도 쓰여요. 물건을 셀 때 쓰는 단위는 물건의 종류에 따라 달라진답니다.

물건	단위	설명
	병	액체를 담는 그릇을 세는 단위
	명	사람을 세는 단위
	장	종이를 세는 단위
	권	책을 세는 단위

한자의 음을 □ 안에 써넣어 더 많은 단어를 알아보아요.

단[單] 하나, 종이

1 하나로만 이루어진 층을 □층이라고 해요.

2 사람들의 이름을 적은 종이를 명□이라고 해요.

위[位] 자리

1 왕□는 임금의 자리예요.

2 차례를 나타내는 자리를 순□라고 해요.

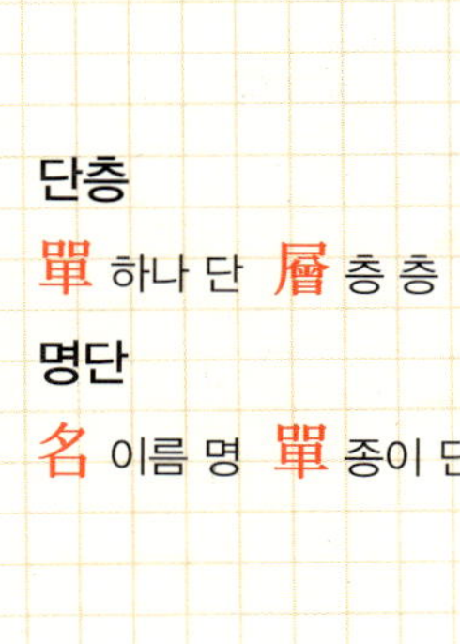

콕! 콕! 단어 확인!

다음 ( ) 안에 알맞은 자릿값을 써넣어 숫자를 바르게 읽어 보세요.

1 275: 이( ) 칠( ) 오

2 354: 삼( ) 오( ) 사

다음 두 숫자 중 더 큰 수에 ○ 해 보세요.

1 542 , 422

2 423 , 463

재미있는 계산, 수직선과 수모형

계산

計 算

헤아릴 계   셈할 산

계산은 수와 양을 헤아려[計] 셈하거나[算] 식을 풀어 답을 구하는 일이에요. 자릿수가 많아질수록 계산은 더 복잡해지지만, 어려워할 필요는 없어요. 쉽게 계산하는 방법들이 있으니까요!

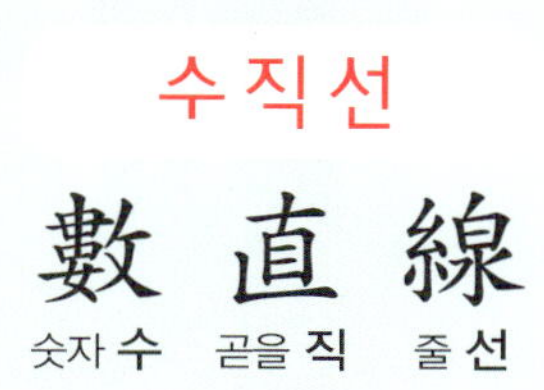

두꺼비가 두 발 뛰기 시합에 나가서 총 아홉 칸을 뛰었어요. 첫발에 네 칸을 뛰었다면 두 번째 발에는 몇 칸을 뛴 걸까요? 두꺼비가 뛴 거리를 수직선으로 그려 보면 얼마만큼 뛰었는지 알 수 있답니다. 한 칸, 두 칸, 세 칸……. 정답은 다섯 칸이에요.

수직선은 숫자[數]가 쓰여 있는 곧은[直] 줄[線]이에요. 기다란 선 위에 작은 눈금이 그려져 있고 아래에는 숫자가 순서대로 쓰여 있지요. 계산할 때 머릿속으로나 종이에 수직선을 그려 보면 숫자가 한눈에 들어와 쉽고 빠르게 계산할 수 있답니다.

수직선

數 直 線
숫자 수　곧을 직　줄 선

數 模 型

큰 수를 계산해야 할 땐 어쩌죠? 수모형만 있으면 척척 계산할 수 있답니다. 수모형은 숫자[數]를 눈으로 가늠할 수 있도록 본떠[模型] 만든 물건이에요. 수모형으로 수의 크기를 비교할 수 있고 덧셈과 뺄셈도 쉽게 익힐 수 있어요.

수모형은 자릿수마다 크기와 모양이 조금씩 달라요. 작은 네모 하나는 '1'을 뜻하고, 작은 네모가 열 개 모인 길쭉한 네모는 '10'을 뜻해요. 길쭉한 네모 열 개가 모여 만들어진 큰 네모는 '100'을 뜻하지요.

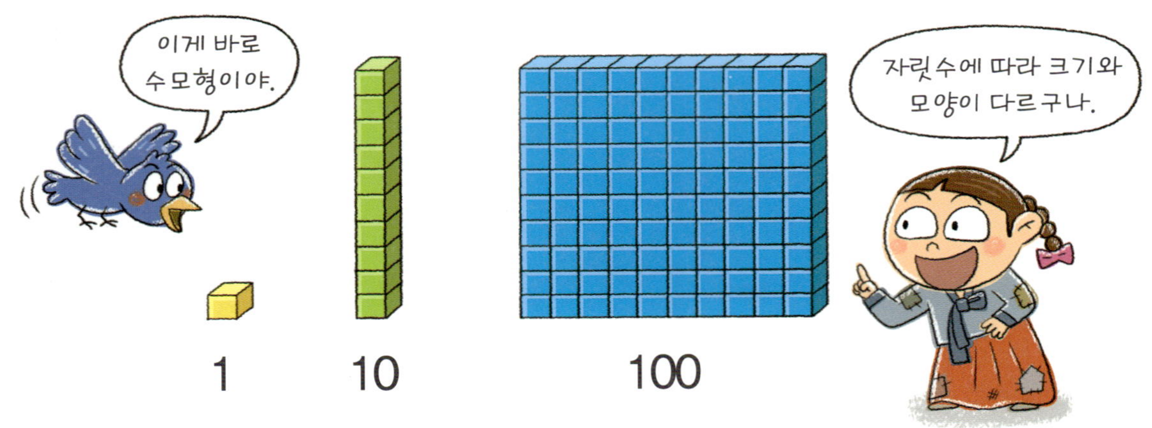

그럼 다음 수모형을 보고 계산해 볼까요?

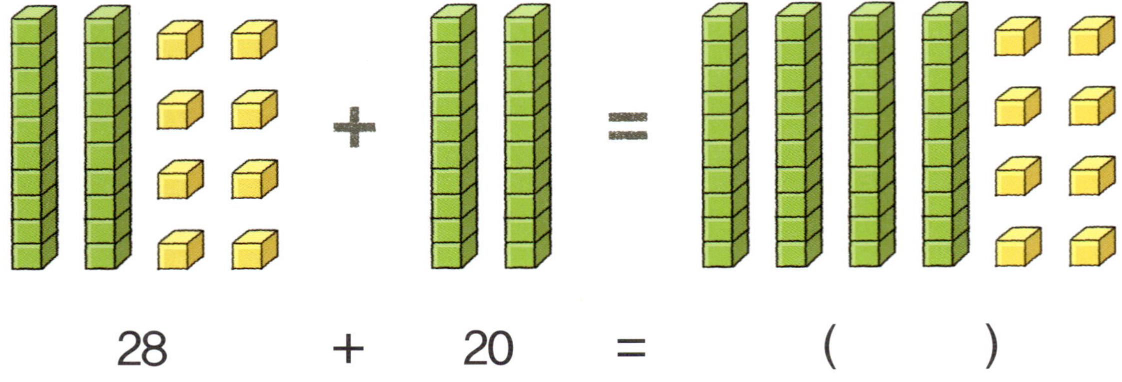

한자의 음을 □ 안에 써넣어 더 많은 단어를 알아보아요.

모 [模] 본뜨다

형 [型] 본보기, 법

모양
模 본뜰 모 樣 모습 양

모범
模 본뜰 모 範 본보기 범

혈액형
血 피 혈 液 즙 액 型 본보기 형

자유형
自 스스로 자 由 할 유 型 법 형

콕! 콕! 단어 확인!

다음 □ 안에 들어갈 알맞은 숫자를 써 보세요.

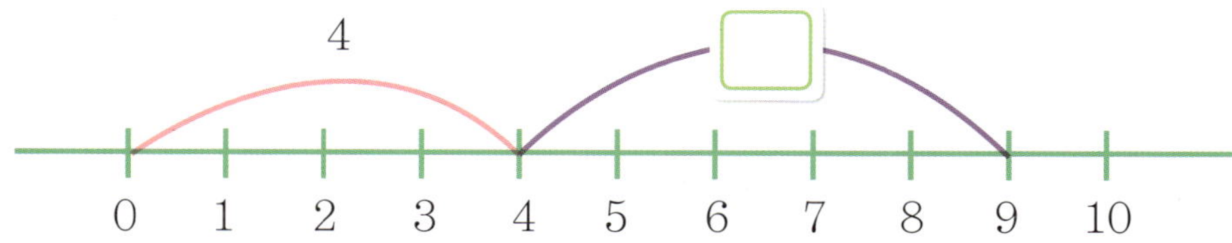

점을 이으면 선! 선을 이으면 면!

종이 위에 볼펜을 콕하고 찍으면 검고 동그란 점이 생기지요? 얼굴이나 몸에 나 있는 둥글고 검은 점처럼 어느 한 부분을 검게 차지하고 있는 것을 점이라고 해요.

선은 쭉 길게 그은 줄[線]을 말해요. 구불구불하게 굽은 선도 있고, 자를 대고 그은 듯이 똑바로 곧게 뻗은 선도 있지요. 줄을 어떻게 긋느냐에 따라 선의 종류는 다양해요.

선

線
줄 선

종이에 두 점을 찍고 점과 점 사이를 곧게 연결해 볼까요? 여러분이 그은 선이 바로 선분이랍니다. 선분은 길게 그은 줄[線]의 한 부분[分]을 말해요. 선분에는 시작점과 끝점이 있어 길이를 잴 수 있어요.

이번엔 점 밖으로 끝없이 선을 그어 볼까요? 선분을 양쪽으로 끝없이 늘인 곧은[直] 선[線]을 직선이라고 해요. 직선은 끝없이 늘어나기 때문에 그 끝을 알 수 없어 길이를 잴 수 없지요.

선분

線 分
줄 선   나눌 분

직선

直 線
곧을 직   줄 선

선들이 서로 이어져 빈틈없이 둘러싸면 면이 생겨요. 면(面)은 원래 '얼굴'이란 뜻이 있어요. 얼굴에 쓰는 탈을 '가면', 얼굴 씻는 곳을 '세면대'라고 하는 것처럼 말이에요. 하지만 수학에서는 선과 선이 만나 만들어진 물체의 겉면[面]을 면이라고 해요. 중간에 선이 끊기거나 만나지 못하면 면이 될 수 없답니다.

다음 중 면에 해당하는 것에 ○ 해 볼까요?

🖊 한자의 음을 ☐ 안에 써넣어 더 많은 단어를 알아보아요.

직[直] 곧다

1 성품이 올바르고 곧은 것을 정 ☐ 이라고 해요.

2 한 방향으로 곧게 나아가는 것을 ☐ 진이라고 해요.

선[線] 줄

1 굽어진 선을 곡 ☐ 이라고 해요.

2 차 ☐ 은 차가 똑바로 가도록 그어 놓은 선이에요.

정직
正 바를 정 直 곧을 직
직진
直 곧을 직 進 나아갈 진

곡선
曲 굽을 곡 線 줄 선
차선
車 차 차 線 줄 선

 콕✲콕! 단어 확인!

🖊 **다음 설명의 알맞은 단어에 ○ 해 보세요.**

1 길게 그은 줄의 한 부분을 (직선/선분)이라고 해요.

2 끝없이 늘인 곧은 선을 (직선/선분)이라고 해요.

3 선과 선이 만나 만들어진 물체의 겉면을 (점/면)이라고 해요.

그림의 모양, 도형

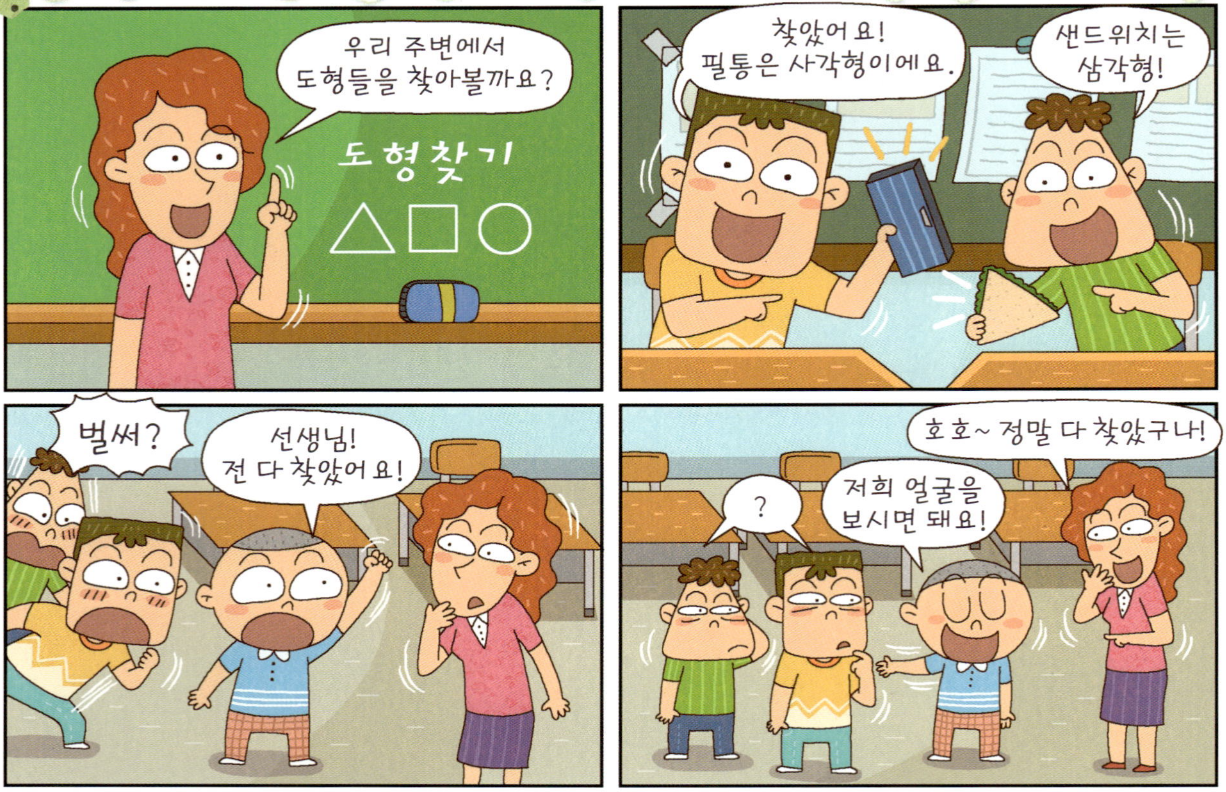

도 형

圖　形

그림 **도**　　모양 **형**

네모난 책, 동그란 동전, 세모난 트라이앵글처럼 우리 주변에는 다양한 모양들이 숨어 있어요. 이 모양들을 다른 말로 도형이라고 해요. 도형은 점·선·면으로 이루어진 그림[圖]의 모양[形]을 뜻해요. 어떤 모양인지에 따라 도형의 이름도 달라진답니다.

두 개의 선분이 서로 만나면 뿔 하나가 만들어지지요? 이때 뿔의 뾰족한 부분을 꼭짓점이라고 해요.

세 개의 선분과 꼭짓점으로 이루어진 도형을 삼각형이라고 해요. 세[三] 개의 뿔[角]을 가진 모양[形]이라 삼각형이라는 이름이 붙었어요. 우리 말로는 세모라고 하지요. 삼각 김밥, 삼각자, 옷걸이 등에서 삼각형을 찾아볼 수 있어요. 사각형은 네 개[四]의 뿔[角]을 가진 모양[形]이에요. 네 개의 선분과 꼭짓점으로 이루어진 도형이지요. 책, 창문, 텔레비전 등에 보이는 네모가 모두 사각형이랍니다.

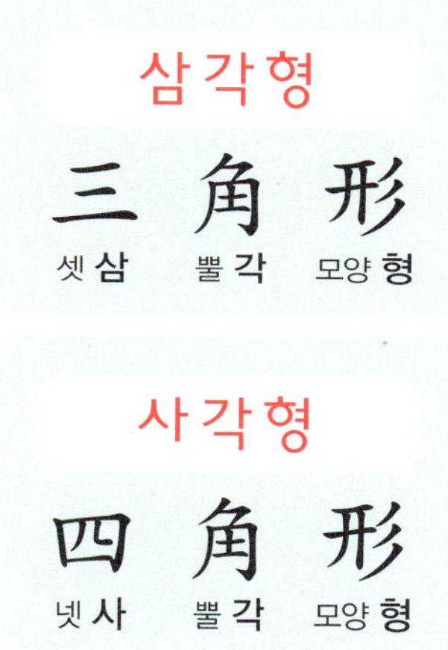

삼각형

三　角　形
셋 **삼**　뿔 **각**　모양 **형**

사각형

四　角　形
넷 **사**　뿔 **각**　모양 **형**

원

圓
둥글 원

모든 도형이 선분과 꼭짓점을 가지고 있는 것은 아니에요. 선분과 꼭짓점이 하나도 없는 도형도 있답니다. 동글동글, 동그라미! 바로 원이지요. 원은 곡선으로 이루어진 둥근[圓] 모양의 도형을 말해요. 어느 쪽에서 보아도 똑같은 모양을 하고 있어요.

한자의 음을 □ 안에 써넣어 더 많은 단어를 알아보아요.

도[圖] 그림

형[形] 모양

지도
地 땅 지　圖 그림 도
도장
圖 그림 도　章 글 장

지형
地 땅 지　形 모양 형
대형
大 큰 대　形 모양 형

콕! 콕! 단어 확인!

다음 (　　　) 안에 알맞은 단어를 써 보세요.

나는 꼭짓점이 (　　　　)개, 선분이 (　　　　)개로
이루어진 네모 모양의 (　　　　)이에요.

하루의 시간, 오전과 오후

하루를 1일이라고 해요. 일(日)은 하늘에 떠 있는 해를 본떠 만든 글자예요. 아침에 해가 떠서 저녁에 지면 어느덧 하루가 지나가지요? 그래서 일(日)은 '하루'라는 뜻을 가지게 되었고 1일, 2일, 3일처럼 '날짜를 세는 단위'로 쓰이게 되었어요.

하루는 해가 가장 높이 떠 있는 낮 12시를 기준으로 오전과 오후로 나뉘어요. 낮 12시는 다른 말로 정오라고 하는데, 이 정오를 기준으로 정오[午]의 앞[前] 시간을 오전, 정오[午]의 뒤[後] 시간을 오후라고 하지요.

오전

午　前
낮오　앞전

오후

午　後
낮오　뒤후

우리 조상은 시간을 어떻게 구분했을까요?
우리 조상은 하루를 열두 개의 시간으로 나누었어요. 그 중 낮 11시부터 1시까지를 오시(午時)라고 불렀는데 12시는 오시의 정 가운데에 있어서 정오(正午)라고 불렀답니다.

월, 화, 수, 목, 금, 토, 일이 지나면 다시 월요일이 돌아오지요? 이렇게 일곱 요일이 지나는 시간을 일주일이라고 해요. 일주일은 어느 한 요일[日]에서 다시 같은 요일이 될 때까지 날짜가 한[一] 바퀴 돈[週] 것을 말해요.

일주일

一　週　日
하나 일　돌 주　날 일

개 월

個 月

개수 개   달 월

저녁 하늘에 뜬 달은 얇은 초승달에서 반달로 다시 보름달로 날마다 모습이 조금씩 바뀌어요. 달이 조금씩 차고 기울어 똑같은 모양이 될 때까지는 딱 30일이 걸린답니다. 그래서 30일을 한 달이라고 하지요. 한 달은 일 개월이라고도 하는데, 개월은 달[月]이 변한 개수[個]를 뜻해요. 그러니까 달이 한 번 변하면 일 개월, 두 번 변하면 이 개월이 되는 거지요.

한 달의 날짜 수는 달마다 조금씩 달라요. 열두 달의 날짜 수를 모두 더하면 365일, 1년이 되지요. 년(年)은 1년, 2년, 3년처럼 해를 셀 때 쓰는 단위예요.

월	1월	2월	3월	4월	5월	6월
날수	31일	28~29일	31일	30일	31일	30일
월	7월	8월	9월	10월	11월	12월
날수	31일	31일	30일	31일	30일	31일

그럼 하루의 시간과 날짜를 부르는 말을 다시 한번 정리해 볼까요?

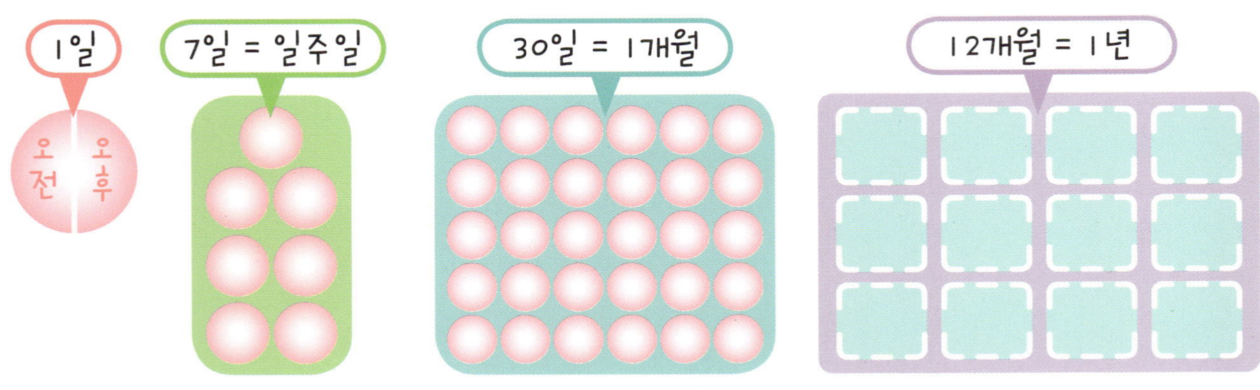

✏️ 한자의 음을 ☐ 안에 써넣어 더 많은 단어를 알아보아요.

주[週] 일주일

1 이번 주는 ☐번이어서 학교에 일찍 가요.

2 일주일 중 토요일·일요일을 ☐말이라고 해요.

일[日] 날

1 생☐은 내가 태어난 날이에요.

2 국경☐은 나라의 기쁜 일을 기념하려고 정한 날이에요.

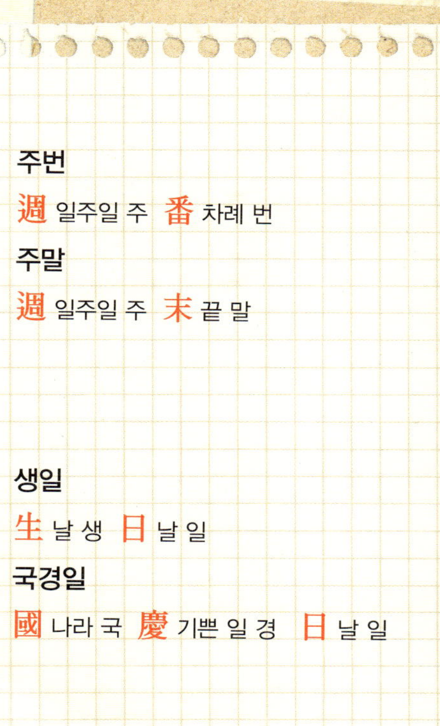

콕! 콕! 단어 확인!!

✏️ 다음 (   ) 안에 들어갈 알맞은 단어를 보기에서 골라 써 보세요.

보기	오전	오후	일주일

1 낮 12시 이후를 (   )라고 해요.

2 어느 한 요일에서 다시 같은 요일이 될 때까지 날짜가 한 바퀴 돈 것을

(   )이라고 해요.

그 수만큼 늘어나는 것, 배

왕자가 갈림길에서 길을 잃어버렸네요. 구구단의 법칙만 알면 공주를 구할 수 있는데 말이에요. 팻말에 적혀 있는 숫자들을 살펴보면 공주가 있는 성을 찾을 수 있답니다.

다람쥐가 놓아둔 도토리를 한번 살펴볼까요? 도토리가 꼭 2개씩 늘어나고 있어요. 아하! 갈수록 2씩 늘어나는 규칙이 숨어 있군요! 규칙이란 기준으로 정한 법[規則]을 말해요. 규칙을 알면 다음에 무엇이 올지 미리 알 수 있답니다. 그럼 다음에 올 도토리는 몇 개일까요? 6개에서 2개가 늘어난 8개겠지요?

규칙

規 則

법규　법칙

8은 2를 네 번 더해서 만들어진 수예요. 하지만 '2+2+2+2'처럼 더하기 기호(+)를 쓰면 쓰기에도 불편하고 복잡해요. 이럴 땐 곱하기 기호(×)를 사용해서 '2×4'로 간단하게 쓸 수 있답니다. 곱하기는 다른 말로 배라고 하는데, 배는 일정한 수나 양을 그만큼 거듭해서 늘리는[倍] 것이에요. '2×4'는 2를 4번 더했다는 뜻으로 '이 곱하기 사' 또는, '이의 네 배'라고 읽지요.

배

倍

늘릴 배

숫자를 곱할 땐 구구단을 외워 두면 빠르고 쉽게 계산할 수 있답니다. 구구단은 1에서 9[九]까지의 수에 1부터 9[九]까지의 수를 각각 곱하여 그 값을 구분[段]해 놓은 것이에요. 다른 말로는 '곱셈 구구'라고 하지요.

×	1	2	3	4	5	6	7	8	9
1	1	2	3	4	5	6	7	8	9
2	2	4	6	8	10	12	14	16	18
3	3	6	9	12	15	18	21	24	27
4	4	8	12	16	20	24	28	32	36
5	5	10	15	20	25	30	35	40	45
6	6	12	18	24	30	36	42	48	54
7	7	14	21	28	35	42	49	56	63
8	8	16	24	32	40	48	56	64	72
9	9	18	27	36	45	54	63	72	81

한자의 음을 ☐ 안에 써넣어 더 많은 단어를 알아보아요.

칙 [則] 법

1 지켜야 할 행동을 정한 법을 수☐이라고 해요.

2 학교에서 지켜야 할 법을 교☐이라고 해요.

단 [段] 구분

1 높은 계☐을 오르내릴 땐 항상 조심해야 해요.

2 오랫동안 태권도를 배워 유☐자가 됐어요.

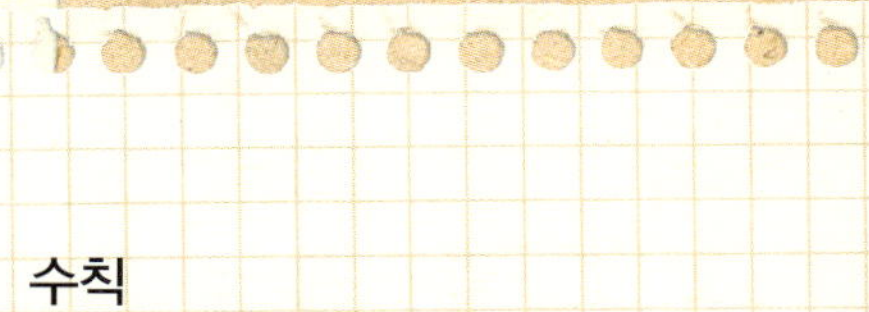

수칙
守 지킬 수 則 법 칙
교칙
校 학교 교 則 법 칙

계단
階 층 계 段 구분 단
유단자
有 있을 유 段 구분 단 者 사람 자

콕! 콕! 단어 확인!

다음 ( ) 안에 알맞은 단어를 써 보세요.

1 기준으로 정한 법을 ( )이라고 해요.

2 숫자를 곱할 땐 ( )을 외워 두면 빠르게 계산할 수 있어요.

다음 빈칸에 들어갈 알맞은 숫자를 써 보세요.

5		15	20

콕! 찍어 주는
바른 생활
속 한자어
콕! 찍어 주는 귀염~

뜻을 알고
공부 하니까
머리에도 쏙! 쏙!

잠자리에서 일어나는 일, 기상

예전에는 부모님께서 하나하나 도와주셨지만, 이제는 혼자서도 잘할 수 있어요. 자기 일을 스스로 하는 어린이는 어떤 일이든지 할 수 있다는 자신감이 생겨요. 또, 자기 일을 잘하는 어른으로 자라날 수 있지요. 여러분이 집과 학교에서 스스로 할 수 있는 일에는 어떤 것이 있는지 알아볼까요?

따르릉! 해가 반짝 일어날 시간이 되었어요. 아직도 이불 속에서 뒹굴뒹굴하는 건 아니겠지요? 부모님께서 깨워 주시지 않아도 스스로 일어날 수 있어야죠! 잠자리[牀]에서 일어나는[起] 일을 기상이라고 해요. 아침에 스스로 일어나면 기분도 상쾌하고 뿌듯한 마음이 든답니다.

기상
起 牀
일어날 **기** 잠자리 **상**

자리에서 일어나면 자고 난 이부자리를 스스로 정리해요. 엄마가 해 주시던 방 청소도 이제는 스스로 할 수 있답니다. 부모님을 도와 식사 준비도 할 수 있어요.

그럼 집에서 스스로 할 수 있는 일에는 무엇이 있는지 알아볼까요?

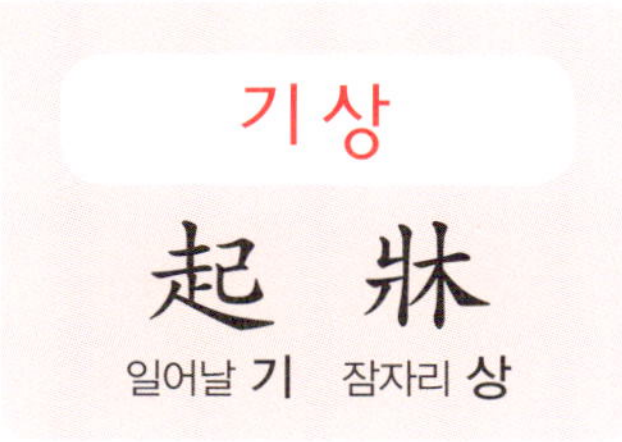

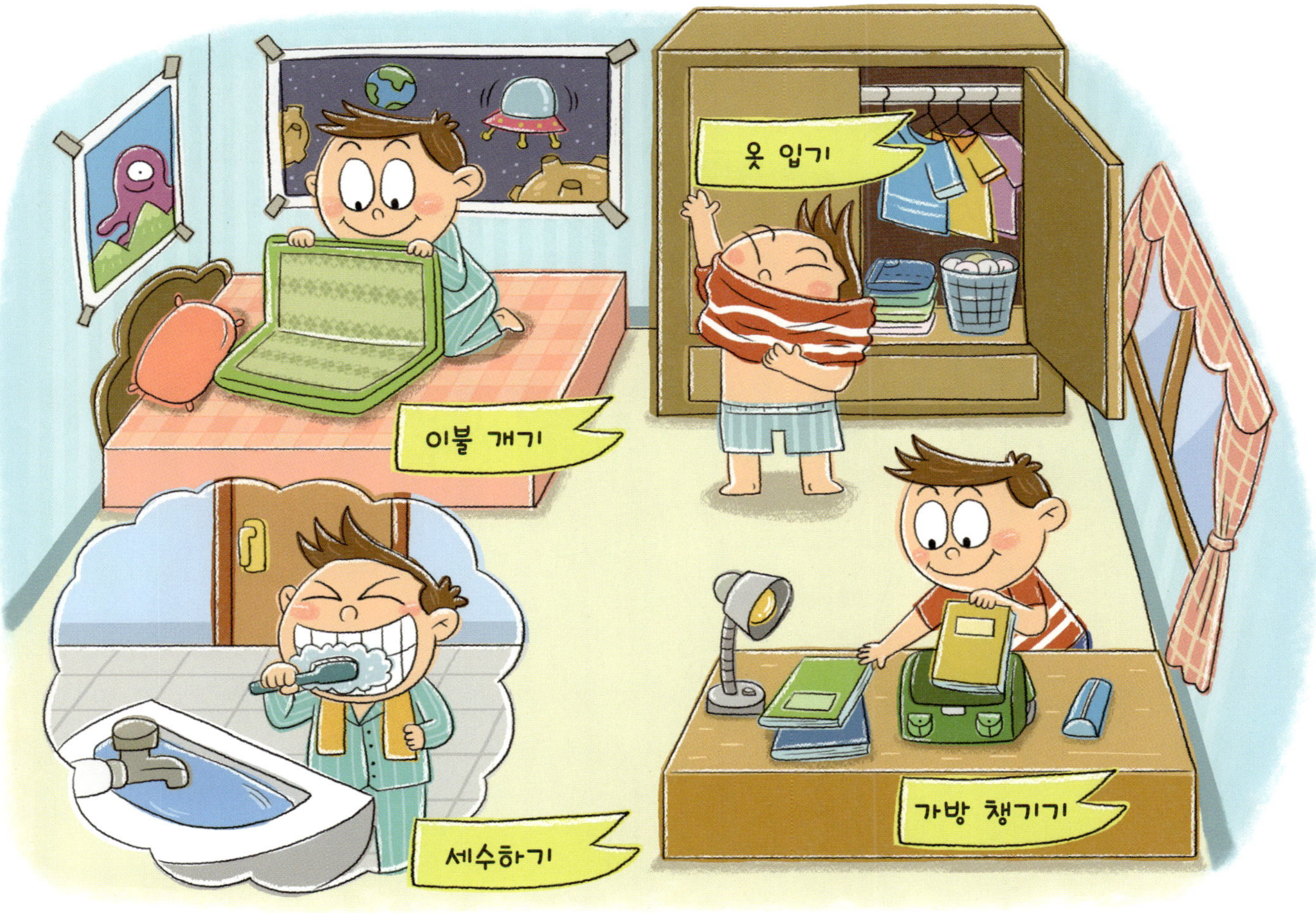

학교에서도 스스로 할 수 있는 일이 많아요. 책상 위의 흐트러진 책과 공책을 반듯하게 정리하는 일, 의자를 당겨 바른 자세로 앉는 일, 손을 들어 발표하는 일까지 모두 혼자 할 수 있는 일이지요.

숙제

宿 題

잘 숙　문제 제

알림장에는 선생님께서 말씀해 주신 숙제와 준비물을 적어요. 숙제는 해결하지 못하고 잠재워 놓은[宿] 문제[題]를 말해요. 집에 오면 그날 내주신 숙제를 미루지 않고 하고 혼자 해결하기 어려운 숙제는 부모님과 함께하는 것이 좋아요.

준비물

準 備 物

고를 준　갖출 비　물건 물

준비물은 미리 골고루[準] 갖추어[備] 놓은 물건[物]을 말해요. 잠자기 전에 미리 내일 수업 시간에 필요한 준비물을 책가방에 챙겨 두고 학교 가기 전에 다시 한번 확인하면 잊지 않고 준비물을 가져갈 수 있어요.

✏️ 한자의 음을 ☐ 안에 써넣어 더 많은 단어를 알아보아요.

숙[宿] 자다

1 집을 떠나서 임시로 잠자는 곳을 ☐소라고 해요.

2 여러 사람이 함께 모여 자는 것을 합☐이라고 해요.

제[題] 문제, 묻다

1 시험 문제를 내는 일을 출☐라고 해요.

2 답을 알고 싶어 물어본 질문을 문☐라고 해요.

숙소
宿 잘 숙　所 곳 소
합숙
合 모일 합　宿 잘 숙

출제
出 날 출　題 문제 제
문제
問 물을 문　題 물을 제

콕! 콕! 단어 확인!

✏️ 다음 (　　　) 안에 들어갈 알맞은 단어를 보기에서 골라 써 보세요.

보기	숙제	기상

1 잠자리에서 일어나는 일을 (　　　　　)이라고 해요.

2 해결하지 못하고 잠재워 놓은 문제를 (　　　　　)라고 해요.

옷차림을 바르게, 단정

단정

端　正
바를 단　바를 정

마음에 든다고 매일 같은 옷만 입을 수는 없지요? 옷은 때와 장소에 맞게 입고 항상 깨끗하게 빨아 입어야 해요. 옷차림이 바르고[端正] 얌전한 모습을 단정하다라고 해요. 옷을 단정하게 잘 갖춰 입으면 보기도 좋고 움직일 때도 편하답니다.

아래 두 친구 중 옷을 단정하게 입은 친구에게 ○ 해 볼까요?

단추를 잘 채우고 윗옷은 바지 속에 넣어 입으면 깔끔하고 단정해 보여요. 신발은 뒤꿈치를 구겨 신지 않고 깨끗하게 빨아 신어야 하지요.

체육 시간에는 **몸을 이리저리 돌리거나[運] 움직이기에[動] 편한 옷[服]**인 운동복이 딱 이지요! 몸에 꽉 끼지도 않고 가벼워서 편하게 운동할 수 있어요. 신발도 실내화가 아닌 운동화를 신어야 넘어지지 않고 높이 멀리 뛸 수 있답니다.

운동복

運 動 服
돌 운　움직일 동　옷 복

자전거나 롤러스케이트를 타고 길 위를 씽씽 달리는 건 참 재미있어요. 하지만 그 전에 반드시 안전모를 쓰고 보호 장비를 해야죠! 안전모는 머리를 다치지 않도록 편안하고[安] 온전하게[全] 지켜 주는 모자[帽]예요. 안전모를 쓰면 벽이나 바닥, 기둥 같은 단단한 곳에 머리를 부딪쳐도 크게 다치지 않아요.

설날, 정월 대보름, 추석 등 명절에 입는 특별한 옷은? 우리나라[韓] 사람들이 옛날부터 입던 옷[服]인 한복이지요. 여자는 저고리와 치마를 입고 남자는 저고리와 바지를 입어요. 가족들과 곱게 한복을 차려입고 명절을 쇠면 더 뜻깊은 시간을 보낼 수 있겠지요?

한자의 음을 □ 안에 써넣어 더 많은 단어를 알아보아요.

정 [正] 바르다

정답
正 바를 정 答 해답 답
훈민정음
訓 가르칠 훈 民 백성 민
正 바를 정 音 소리 음

복 [服] 옷

양복
洋 서양 양 服 옷 복
내복
內 안 내 服 옷 복

다음 상황에 알맞은 옷차림을 보기에서 골라 써 보세요.

보기   안전모   한복   구두

(   )

다른 사람을 생각해요, **배려**

공공장소

公 共 場 所
여럿 공　함께 공　곳 장　곳 소

집을 나서면 버스 정류장, 도서관, 병원, 공원 등 다양한 장소를 이용하지요? 이렇게 여러[公] 사람이 함께[共] 사용하는 곳[場所]을 공공장소라고 해요.

배 려

配 慮
나눌 배　생각할 려

공공장소에서는 다른 사람을 배려하는 마음을 가져야 하지요. 배려란 마음을 나누어[配] 다른 사람을 생각하고[慮] 도와주는 자세를 말해요. 공공장소에서 다른 사람을 배려하는 행동은 무엇인지 또, 서로 지켜야 할 예절에는 어떤 것이 있는지 알아볼까요?

버스나 택시를 탈 수 있는 곳은 정류장이지요. 정류장은 버스나 택시가 사람을 태우기 위해서 잠시 멈춰[停] 머무르는[留] 곳[場]이에요. 정류장에서는 함께 기다리는 사람들이 불편하지 않도록 장난을 치지 않고 버스를 기다려요.

정류장

停 留 場
멈출 정　머무를 류　곳 장

식당은 음식을 먹는[食] 집[堂]이지요? 많은 사람이 함께 밥을 먹는 곳이기 때문에 방해되지 않도록 조용히 앉아서 음식을 먹어요. 뜨거운 음식과 부딪쳐 다칠 수 있으니 이리저리 뛰어다니거나 장난을 쳐서는 안 된답니다.

식당

食 堂
먹을 식　집 당

박물관

博 物 館
넓을 박　물건 물　건물 관

오래된 도자기와 유명한 그림들을 볼 수 있는 곳은? 박물관이지요. 박물관은 여러[博] 가지 중요한 물건[物]과 작품을 모아 둔 건물[館]이에요. 후손들에게 물려주어야 할 소중한 물건이 보관되어 있으므로 함부로 만지거나 사진을 찍어서는 안 되지요.

경기장

競 技 場
겨룰 경　재주 기　곳 장

경기장은 선수들이 재주[技]를 겨루는[競] 곳[場]으로 축구 시합이나 야구 시합 등 다양한 경기가 열려요. 많은 사람과 함께 응원할 땐 자리에서 일어서 뒷사람을 가리거나 소리를 지르지 않아요. 또, 경기가 끝나면 쓰레기를 깨끗하게 치우고 나가는 게 예의지요.

✏️ 한자의 음을 ☐ 안에 써넣어 더 많은 단어를 알아보아요.

식[食] 먹다, 음식

식탁
食 먹을 식　卓 탁자 탁
급식
給 줄 급　食 음식 식

당[堂] 집

경로당
敬 공경 경　老 늙을 로　堂 집 당
서당
書 글 서　堂 집 당

콕콕! 단어 확인!

✏️ 다음 (　　　) 안에 알맞은 공공장소를 써 보세요.

1 (　　　　　)에서는 뜨거운 음식과 부딪힐 수 있으니 이리저리 뛰어다녀서는 안 돼요.

2 (　　　　　)에서는 오래된 도자기와 그림을 볼 수 있어요.

알맞게 아껴 써요, **절약**

물, 전기, 석유 등은 우리 생활에 없어서는 안 될 편리한 물건들이에요. 하지만 아끼지 않고 마음대로 펑펑 쓰다간 언젠가 꼭 필요할 때 쓸 수 없게 될지도 몰라요.

우리나라가 물 부족 국가라고?

우리나라는 물이 부족하다고 여겨지는 물 부족 국가예요. 실제로 사용할 물이 부족하진 않지만, 함부로 펑펑 쓰다 보니 물 부족 국가가 된 거지요. 이제부터라도 후손들이 걱정 없이 물을 사용할 수 있도록 아껴 써야겠지요?

우리는 생활 속에서 물건들을 절약해야 해요. 절약은 물건을 함부로 쓰지 않고 꼭 알맞게[節] 아껴[約] 쓰는 일을 말해요. 필요 없는 전등은 끄고 사용하지 않는 가전제품의 플러그는 뽑아 두어요. 양치질할 때 컵에 물을 담아 쓰는 것도 좋은 절약 방법이지요.

<table>
<tr><td>절약</td></tr>
<tr><td>節 約</td></tr>
<tr><td>알맞을 절　아낄 약</td></tr>
</table>

물건을 아껴 쓰는 방법

1. 잃어버리지 않도록 학용품에 이름을 써요.
2. 색연필은 끝까지 사용해요.
3. 책상과 의자에 낙서하지 않아요.

물건을 아껴 쓰는 만큼이나 물건을 가지런히[整頓] 정리하는 일인 정돈도 중요해요. 정리 정돈을 잘하면 물건을 잃어버리지 않고 깨끗이 오래 사용할 수 있지요. 자주 쓰는 물건은 가까운 곳에 두고, 자주 쓰지 않는 물건은 잘 정리해서 높은 곳에 올려 두거나 서랍에 넣어 두어요.

<table>
<tr><td>정돈</td></tr>
<tr><td>整 頓</td></tr>
<tr><td>가지런할 정 가지런할 돈</td></tr>
</table>

우리가 아낄 수 있는 것엔 또 무엇이 있을까요? 바로 용돈! 부모님께 받은 용돈을 한꺼번에 다 써버리면 정말 필요한 것을 사지 못할 때가 있어요. 맛있는 과자를 사 먹거나 장난감을 살 수도 있지만, 이제부터 차곡차곡 돈을 모아보는 건 어떨까요?

저금

貯　金
쌓을 저　돈 금

저금은 돈[金]을 쌓아[貯] 모으는 일이에요. 금(金)은 원래 '황금'이란 뜻이지만, '돈'을 뜻하기도 해요. 그때그때 받은 용돈은 저금통에 모으기도 하고 은행 통장에 모으기도 해요.

티끌 모아 태산!

옛말에 '티끌 모아 태산'이라는 말이 있어요. 아주 작은 것이라도 모으다 보면 큰 산처럼 많아진다는 뜻이에요. 적은 용돈이라도 차곡차곡 모으면 나중에 꼭 필요한 곳에 값지게 사용할 수 있지요.

✏️ 한자의 음을 ☐ 안에 써넣어 더 많은 단어를 알아보아요.

절[節] 절기

1 명☐에는 고운 빛깔의 한복을 입어요.

2 제헌☐은 우리나라의 법을 만든 날이에요.

약[約] 맺다, 약속

1 다른 사람과 맺은 ☐속은 꼭 지켜야 해요.

2 미리 정해 놓은 것을 예☐이라고 해요.

명절
名 이름 명　節 절기 절
제헌절
制 만들 제　憲 법 헌　節 절기 절

약속
約 맺을 약　束 묶을 속
예약
豫 미리 예　約 약속 약

콕! 콕! 단어 확인!

✏️ 다음 설명이 맞으면 ○, 틀리면 X에 표시해 보세요.

1 사용하지 않는 가전제품의 플러그는 뽑아 두어요. (○ , X)

2 잃어버리지 않도록 학용품에 자신의 이름을 써요. (○ , X)

3 자주 쓰는 물건은 높은 곳에 올려 둬요. (○ , X)

4 용돈을 받으면 그때그때 군것질해요. (○ , X)

남한과 북한이 하나로, 통일

남한
南 韓
남쪽 남　나라 이름 한

북한
北 韓
북쪽 북　나라 이름 한

우리나라는 원래 하나의 나라였어요. 하지만 6·25 전쟁이 일어난 후 북한과 남한 두 나라로 나뉘게 되었지요. 그 후 60여 년간 두 나라는 서로 오가지 못한 채 살아가고 있어요.

남한은 대한민국[韓]의 남쪽[南]에 있는 나라로 우리가 사는 곳이에요. 북한은 대한민국[韓]의 북쪽[北]에 있는 나라로 북조선 또는, 북조선 인민 공화국이라고 불린답니다.

우리나라와 북한은 휴전선에 가로막혀 있어요. 휴전선은 전쟁[戰]을 잠시 멈추려고[休] 그어 놓은 선[線]인데 지금은 두 나라를 나누는 국경이 되어 버렸지요. 이렇게 휴전선을 사이에 두고 두 나라로 나뉜 곳은 전 세계에 우리나라와 북한밖에 없다고 해요.

지금은 잠시 떨어져 있지만, 북한은 우리와 같은 뿌리를 가진 한 민족이랍니다. 북한 사람들도 우리와 똑같이 한글을 사용하고 명절엔 한복을 입어요. 쌀밥과 김치를 먹고, 태권도도 할 줄 알지요. 왜냐하면, 오랫동안 이 땅에서 함께 살아온 한겨레이기 때문이에요.

우리나라와 북한이 두 나라로 나뉘면서 어쩔 수 없이 가족과 헤어지게 된 사람들이 많이 있어요. 이렇게 남과 북으로 떨어지고[離] 여기저기 흩어져[散] 서로 소식을 모르는 가족[家族]을 이산가족이라 하지요. 우리나라와 북한은 이산가족들이 서로 만날 수 있는 자리를 꾸준히 마련해 오고 있어요.

우리나라와 북한은 언제쯤 통일될 수 있을까요? 둘로 나뉜 나라가 하나[一]로 합치는[統] 일을 통일이라고 해요. 통일을 위해서 두 나라의 정상은 나라를 오가며 많은 대화를 나누었어요. 또, 세계 대회에 함께 참가하여 서로 이해하려고 많은 노력을 하고 있지요. 언젠가 남한과 북한이 통일된다면 더욱 강하고 발전된 나라가 되어 세계 속에 우뚝 설 수 있을 거예요.

한자의 음을 □ 안에 써넣어 더 많은 단어를 알아보아요.

리 [離] 떨어지다

1 서로 떨어져 헤어지는 것을 □별이라고 해요.

2 집에서 학교까지는 거□가 가까워요.

산 [散] 흩어지다

1 □발은 머리카락을 풀어 헤친 모습을 말해요.

2 모였던 사람들이 흩어지는 것을 해□이라고 해요.

이별
離 떨어질 리　別 헤어질 별
거리
距 떨어질 거　離 떨어질 리

산발
散 흩어질 산　髮 머리카락 발
해산
解 풀 해　散 흩어질 산

콕콕! 단어 확인!

다음 (　　　) 안에 알맞은 단어를 써 보세요.

1 (　　　　　　)은 대한민국의 남쪽에 있는 나라예요.

2 전쟁을 잠시 멈추려고 그어 놓은 선을 (　　　　　)이라고 해요.

3 남과 북으로 어쩔 수 없이 헤어지게 된 가족을 (　　　　　)이라고 해요.

4 둘로 나뉜 나라가 하나로 합치는 일을 (　　　　　)이라고 해요.

가족끼리 서로 정다워요, **화목**

가정

家 庭
집 가   공간 정

집에 들어오면 가족들이 반갑게 맞아 주지요? 아빠, 엄마, 형, 동생 등 한 가족[家]이 모여 사는 공간[庭]을 가정이라고 해요. 가정은 우리에게 편안함과 행복을 가져다주는 소중한 곳이에요.

부모님은 우리를 낳아 길러 주시는 소중한 분들이에요. 우리는 그 커다란 사랑에 감사하며 부모님을 잘 섬기고 효도해야지요. 효도는 부모님께 효[孝]를 행하는 도리[道]랍니다. 효(孝)는 늙으신 부모를 업은 자식의 모습을 본떠 만든 글자예요. 이 글자처럼 우리도 부모님을 사랑하고 잘 보살펴 드려야겠지요?

<table>
<tr><td colspan="2">효 도</td></tr>
<tr><td>孝</td><td>道</td></tr>
<tr><td>효 효</td><td>도리 도</td></tr>
</table>

우리가 할 수 있는 효도

1.	집안일 도와 드리기.
2.	부모님께 사랑의 편지 쓰기.
3.	떼쓰지 않고 부모님 말씀 잘 듣기.
4.	형제들과 사이좋게 지내기.

부모님만큼 가깝고 친구보다 더 내 마음을 잘 아는 사람은 나의 형제자매예요. 형제자매 사이에는 친구[友]처럼 편하고 서로 사랑하는[愛] 마음인 우애가 있지요. 다투지 않고 조금씩 양보하기, 어려운 일이 생기면 서로 돕기, 실수와 잘못은 타이르고 용서하기 등은 모두 우애 있는 형제자매의 모습이랍니다.

<table>
<tr><td colspan="2">우 애</td></tr>
<tr><td>友</td><td>愛</td></tr>
<tr><td>벗 우</td><td>사랑 애</td></tr>
</table>

화목

和 睦
어울릴 **화**　정다울 **목**

맛있는 음식을 먹거나 멋진 경치를 보면 가족과 함께하고 싶지요? 가족끼리 잘 어울리고[和] 서로 정답게[睦] 지내는 모습을 화목하다고 해요. 화목한 가정은 가족끼리 서로 사랑하고 어려울 때는 힘이 되어 주지요. 또, 가족 모두가 한마음이 되어 즐겁고 사이좋게 지내요.

가훈

家 訓
집 **가**　가르칠 **훈**

가훈은 집안[家] 가족들이 서로 지키는 가르침[訓]으로 화목한 가정을 만들기 위한 가족과의 약속이에요. '거짓말을 하지 말자.'나 '최선을 다하자.'처럼 가족 모두가 중요하다고 생각하는 행동을 가훈으로 정하지요. 언제 어디서나 가훈을 마음속에 새기며 지키도록 노력해요.

✏️ 한자의 음을 ☐ 안에 써넣어 더 많은 단어를 알아보아요.

가[家] 집

귀 ☐

☐ 구

훈[訓] 가르치다

☐ 련

☐ 계

귀가
歸 돌아올 귀 家 집 가
가구
家 집 가 具 갖출 구

훈련
訓 가르칠 훈 練 익숙할 련
훈계
訓 가르칠 훈 戒 경계할 계

콕! 콕! 단어 확인!

✏️ 다음 ( ) 안에 들어갈 알맞은 단어를 보기에서 골라 써 보세요.

보기	우애	가정

1 한가족이 모여 사는 공간을 ( )이라고 해요.

2 형제자매 사이에는 ( )가 있어야 해요.

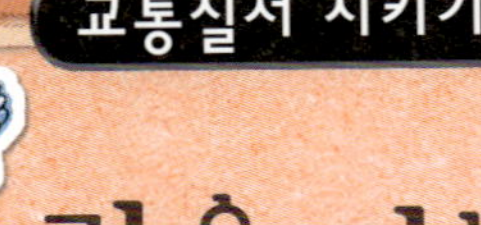

길을 다닐 때 지켜요, 교통질서

교통질서

交 通 秩 序

서로 **교** 통할 **통** 차례 **질** 차례 **서**

길을 다닐 땐 반드시 교통질서를 지켜야 해요. 교통질서는 사람과 차가 서로[交] 지나다닐[通] 때 지켜야 할 차례[秩序]랍니다. 교통질서를 잘 지키면 차와 사람이 서로 부딪히지 않아 다치지 않고 편하게 다닐 수 있어요.

여러분은 자전거가 그려진 동그란 표지판을 본 적 있나요? 자전거만 다니는 길이라는 뜻이지요. 표지판은 사람들에게 사실이나 정보를 일일이 말하지 않고 표시[標]만 봐도 알 수 있게 적어서[識] 세워 놓은 판자[板]예요. 길을 걷다 보면 여러 가지 교통안전 표지판을 볼 수 있어요. 표지판은 간단한 그림으로 사람들에게 지켜야 할 교통질서를 알려 준답니다.

표 지 판

標 識 板
표시 **표**　적을 **지**　판자 **판**

길을 건너고 싶으면 횡단보도를 이용하면 되지요. 횡단보도는 사람이 걸어서[步] 지나갈 수 있도록 차도를 가로[橫]로 끊어[斷] 표시한 길[道]이에요. 신호등에 녹색등이 켜지면 먼저 왼쪽 오른쪽을 살핀 후 손을 들고 건너요. 자전거를 탔을 때에는 반드시 자전거에서 내려 건너야 하지요.

횡 단 보 도

橫 斷 步 道
가로 **횡**　끊을 **단**　걸음 **보**　길 **도**

많은 사람이 우르르 길을 걸을 때면 마주 오는 사람과 부딪히거나 가로막혀서 불편할 때가 많지요? 우측통행만 잘 지키면 그럴 일이 없을 텐데 말이에요. 길을 다닐 때 오른[右]쪽[側]으로 지나[通]다니는[行] 것을 우측통행이라고 해요. 우측통행을 하면 서로 부딪히지 않아 길을 더 빠르고 안전하게 다닐 수 있지요.

높은 곳에 올라가거나 아래로 내려갈 때 승강기를 타지요? 승강기는 사람을 편하게 위아래로 올려[昇]주고 내려[降]주는 기계[機]예요. 승강기를 기다릴 땐 문에 기대지 않고 탈 때는 문에 옷이나 물건이 끼이지 않도록 주의하며 타야지요.

 **한자, 꼬리에 꼬리를 물고**

한자의 음을 □ 안에 써넣어 더 많은 단어를 알아보아요.

통 [通] 통하다

1 이쪽에서 저쪽으로 통하여 다니는 길을 □로라고 해요.

2 전화로 이야기를 주고받는 것을 □화라고 해요.

행 [行] 다니다

1 길거리를 걸어서 다니는 사람을 보□자라고 해요.

2 하늘을 날아다니는 기계를 비□기라고 해요.

통로
通 통할 통 路 길 로
통화
通 통할 통 話 이야기 화

보행자
步 걸을 보 行 다닐 행 者 사람 자
비행기
飛 날 비 行 다닐 행 機 기계 기

 **콕! 콕! 단어 확인!**

다음 설명이 맞으면 ○, 틀리면 X에 표시해 보세요.

1 길을 다닐 때에는 교통질서를 지켜야 해요. (○ , X)

2 사람이 걸어서 지나갈 수 있도록 차도를 가로로 끊어 표시한 길을
횡단보도라고 해요. (○ , X)

3 길을 다닐 때 왼쪽으로 지나다니는 것을 우측통행이라고 해요. (○ , X)

소중한 목숨, 생명

가슴에 손을 대 볼까요? 콩닥콩닥 심장이 뛰는 소리가 들리지요? **살아가는[生] 데 꼭 필요한 목숨[命]**인 생명을 가지고 있다는 증거랍니다. 살아서 숨을 쉬는 동물과 식물 모두 생명을 가지고 있어요.

생 명

生 命
살 생　목숨 명

생명은 왜 소중할까요? 세상에 단 하나밖에 없기 때문이에요. 나의 소중한 생명을 지키려면 운동이나 놀이는 안전한 곳에서 하고 다치지 않도록 꼭 보호 장비를 해야 해요. 만약 위험한 일이 생기면 곧바로 119에 전화해서 도움을 구해야 해요.

우리가 다른 사람의 생명을 위해 할 수 있는 일에는 어떤 것이 있을까요? 맞아요, 헌혈로 생명이 위급한 사람들을 도울 수 있어요. 헌혈은 피[血]를 뽑아 필요한 사람에게 주는[獻] 일이에요. 나의 작은 나눔이 다른 사람에게 새 생명을 줄 수 있답니다.

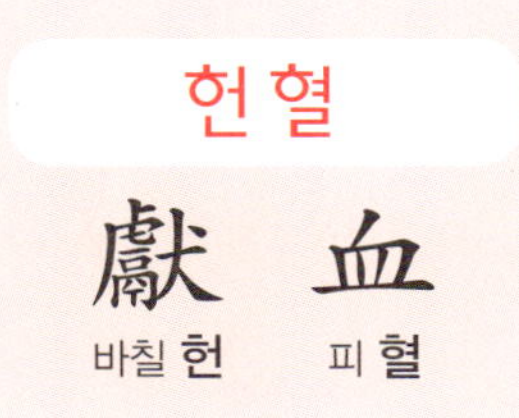

성금

誠 金
정성 성　돈 금

갑자기 지진이 일어나거나 태풍이 불면 살던 집을 잃고 다치는 사람들이 생겨나요. 어려운 상황에 부닥친 사람들을 위해 우리가 할 수 있는 일에는 무엇이 있을까요? 직접 가서 도와줄 수는 없어도 성금을 내어 도와줄 수 있어요. 성금은 정성[誠]을 담아 조금씩 내는 돈[金]이에요. 우리가 내는 적은 돈이 모여 어려운 이웃에게 큰 도움이 된답니다.

구호품

救 護 品
구할 구　보호할 호　물건 품

돈이 아닌 구호품을 보내줄 수도 있어요. 구호품은 어려움에 빠진 사람들을 돕고[救] 보호하는[護] 데 필요한 물건[品]이에요. 마실 물과 먹을 음식, 옷, 이불, 약 같은 생활에 당장 필요한 물건들을 보내 주지요.

한자의 음을 □ 안에 써넣어 더 많은 단어를 알아보아요.

구[救] 구하다

1 □명조끼는 물에 빠졌을 때 목숨을 구해 주는 조끼예요.

2 위험에 빠진 사람을 구해 내는 일을 □출이라 해요.

호[護] 보호하다

1 간□는 아픈 환자를 돌보고 보호하는 일이에요.

2 학교 앞은 어린이 보□ 구역이에요.

구명
救 구할 구　命 목숨 명

구출
救 구할 구　出 날 출

간호
看 볼 간　護 보호할 호

보호
保 지킬 보　護 보호할 호

콕콕! 단어 확인!

다음 (　　　) 안에 알맞은 단어를 써 보세요.

1 살아가는 데 꼭 필요한 목숨을 (　　　　　)이라고 해요.

2 (　　　　　)은 피를 뽑아 필요한 사람에게 주는 일이에요.

3 (　　　　　)은 어려움에 빠진 사람들을 돕고 보호하는 데 필요한
물건이에요.

콕! 찍어 주는
슬기로운 생활
속 한자어
콕! 찍어 주는 캐릭터

뜻을 알고
공부하니까
머리에도 쏙! 쏙!

몸과 마음이 자라요, 성장

사진첩 속에서 3살 때 찍은 사진을 발견했어요. 사진 속의 나는 지금보다 손도 작고 몸집도 더 작아요. 아주 조그맣고 어렸던 여러분이 어느새 이렇게 자라났답니다. 정말 신기하지 않나요?

여러분은 매일매일 조금씩 자라고 있어요. 이렇게 점점 자라서 어른[長]이 되는[成] 일을 성장이라고 해요. 몸뿐만 아니라 마음이 자라나는 것도 성장이지요. 예전에는 갖고 싶은 물건을 사달라고 마구 떼를 썼지만, 지금은 의젓하게 참을 수 있을 만큼 성장했어요.

우리 몸이 하루가 다르게 자라고 있다는 것을 어떻게 알 수 있을까요? 학교에서는 일 년에 한 번씩 몸[身體]이 얼마나 자라고 변했는지 살펴보는[檢査] 일을 해요. 신체검사에서는 키, 몸무게, 가슴둘레 재기처럼 우리 몸이 얼마나 자랐는지 살펴보거나 시력 검사, 소변 검사 등을 통해 우리 몸이 건강한지도 살펴보지요.

키가 얼마나 자랐는지 알려면 몸[身]의 길이[長]를 재는[計] 기구인 신장계에 올라가야지요. 신장계에 올라갈 땐 반드시 신발을 벗고 올라가야 해요. 눈금이 그려진 기다란 막대에 등과 엉덩이, 발뒤꿈치를 일자로 딱 붙이고 턱을 당겨 앞을 똑바로 바라봐야 정확한 키를 잴 수 있답니다.

몸[體]의 무게[重]를 재는[計] 기구인 체중계에 올라가면 몸무게가 얼마나 늘었는지 알 수 있어요. 가장 가벼운 옷을 입어야 정확한 몸무게를 잴 수 있답니다. 체중계 위에 올라가서는 몸을 흔들거나 움직이지 말아야 해요.

✏️ 한자의 음을 ☐ 안에 써넣어 더 많은 단어를 알아보아요.

신[身] 몸

장[長] 길다

호신술
護 보호할 호 身 몸 신 術 기술 술
변신
變 변할 변 身 몸 신

만리장성
萬 일만 만 里 거리 리
長 길 장 城 성 성
장어
長 길 장 魚 물고기 어

콕! 콕! 단어 확인!

✏️ 다음 (　　　) 안에 들어갈 알맞은 단어를 보기에서 골라 써 보세요.

보기　　　　체중계　　　　신장계

1 몸의 길이를 재는 기구: (　　　　　)

2 몸의 무게를 재는 기구: (　　　　　)

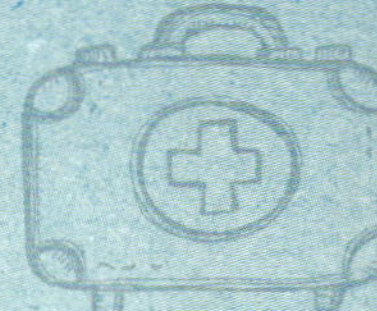

내가 되고 싶은 것, 장래 희망

장래 희망

將 來 希 望
장차 장　올 래　바랄 희　바랄 망

어른이 되면 무엇이 되고 싶나요? 텔레비전에 나오는 연예인? 멋진 로봇을 만드는 과학자? 자신이 앞으로[將] 다가올[來] 날에 하고 싶거나 되기를 바라는[希望] 일을 장래 희망이라고 해요.

사람은 누구나 한 가지쯤 잘하는 것이 있답니다. 노래를 잘 부르는 친구도 있고 수학을 잘하는 친구도 있지요. 이렇게 다른 사람보다 특별히 잘하는 것이 있을 때 소질이 있다고 해요. 소질은 사람이 본래[素]부터 가지고 있는 성질[質]로, 태어날 때부터 가지고 있는 능력이지요. 반대로 꾸준히 노력해서 잘하게 된 것은 특기라고 해요. 특기는 자기 자신만이 가지는 특별한[特] 재주[技]랍니다.

소질
素 質
본디 **소** 성질 **질**

특기
特 技
특별할 **특** 재주 **기**

자신이 잘하는 것이 무엇인지 알면 어른이 되어서 하고 싶은 일을 정하는 데 큰 도움이 돼요. 그림을 잘 그리는 사람은 화가나 디자이너, 만화가가 될 수 있고 글을 잘 쓰는 사람은 소설가, 시인, 기자가 될 수 있어요.

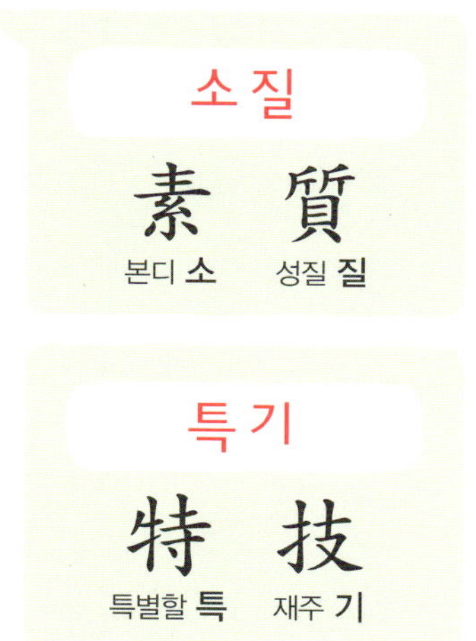

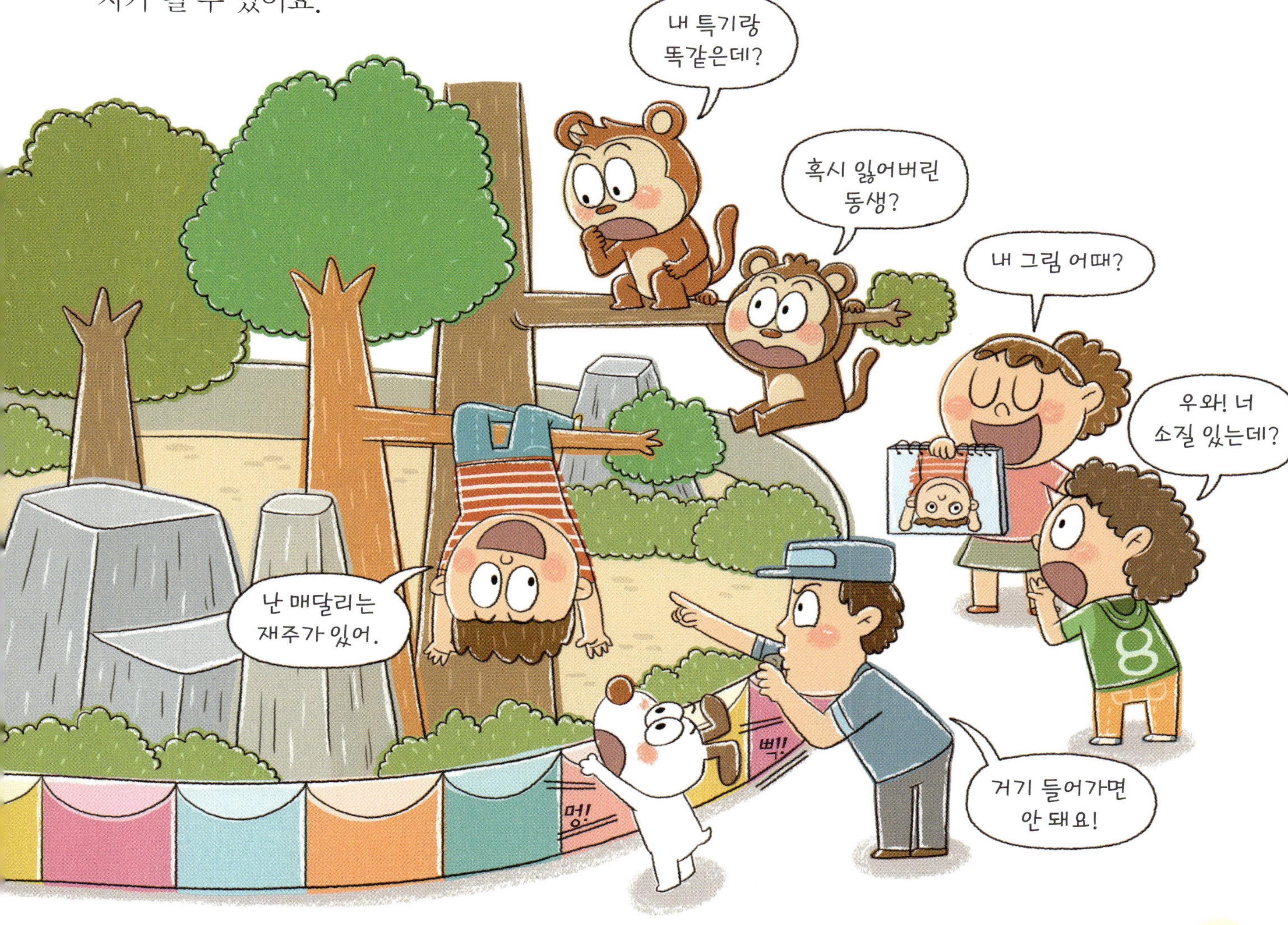

흥미

興 味

흥겨울 흥　재미 미

내가 흥미를 느끼는 일인가도 생각해 봐야지요. 흥미는 즐겁게 흥[興]을 느끼는 재미[味]를 말해요. 바이올린 연주에 재미를 느낀다면 훗날 멋진 바이올린 연주가가 될지도 몰라요. 어떤 일이든 내가 흥미를 느끼는 것이어야 즐겁게 할 수 있고 보람도 크답니다.

노력

努 力

힘쓸 노　힘 력

하고 싶은 일을 정했다면 열심히 노력해야지요! 노력은 하고 싶은 일을 이루기 위해 온 힘[力]을 다해 애쓰는[努] 것을 말해요. 아무리 뛰어난 소질을 가지고 있더라도 꾸준히 연습하지 않으면 꿈을 이루기 어려워요. 아직은 뛰어나게 잘하지 못하더라도 열심히 노력한다면 내가 하고 싶은 일을 이루어 낼 수 있을 거예요.

산소 탱크 박지성

축구 선수 박지성은 오래 걷거나 뛰면 다른 사람보다 쉽게 지치는 평발을 가지고 있대요. 하지만 그는 아픔을 참고 온 발에 굳은살이 박이도록 열심히 노력해서 지금은 아무리 뛰어도 지치지 않는 세계적인 축구 선수가 되었어요. 더불어 산소 탱크라는 소중한 별명도 가지게 되었지요.

✏️ 한자의 음을 ☐ 안에 써넣어 더 많은 단어를 알아보아요.

특[特] 특별하다

1 보통의 것과는 특별히 다른 것을 ☐이하다고 해요.

2 고장에서 특별히 나는 물건을 ☐산품이라고 해요.

기[技] 재주

1 장☐ 자랑 대회에서 1등을 했어요.

2 동물들이 서커스 공연에서 여러 가지 묘☐를 부려요.

특이
特 특별할 특　**異** 다를 이
특산품
特 특별할 특　**産** 날 산　**品** 물건 품

장기
長 나을 장　**技** 재주 기
묘기
妙 뛰어날 묘　**技** 재주 기

콕! 콕! 단어 확인!

✏️ 다음 ( ) 안에 들어갈 알맞은 단어를 보기에서 골라 써 보세요.

보기	소질	노력

1 사람이 본래부터 가지고 있는 성질을 ( )이라고 해요.

2 하고 싶은 일을 이루기 위해 온 힘을 다해 애쓰는 것을 ( ) 이라고 해요.

꾸준히 하는 일, 직업

직업

職 業
일 직　일 업

우리 주변에는 불을 끄는 소방관, 맛있는 음식을 만드는 요리사 등 셀 수 없을 만큼 다양한 직업이 있어요. 직업은 살아가며 꾸준히 하는 일[職業]이에요. 내가 좋아하고 보람을 느낄 수 있는 직업을 가져야 행복하게 일할 수 있답니다.

머리는 뜨끈뜨끈, 콧물이 줄줄, 재채기가 에취! 감기에 걸렸네요. 병에 걸렸을 땐 의사 선생님을 찾아가야지요. 의사는 아픈 사람의 병을 치료해[醫] 주는 사람[師]이에요. 아픈 곳에 따라 이가 아플 땐 치과, 배가 아플 땐 내과, 눈이 아플 땐 안과를 찾아가요.

의 사

醫 師

치료할 **의**　사람 **사**

텔레비전이나 라디오를 켜면 가수들의 신 나는 노래가 흘러나와요. 가수는 사람들에게 노래[歌]를 불러 주는 사람[手]이에요. 노래를 들으면 저절로 음악에 맞춰 흔들흔들 춤추고 싶지요? 가수는 노래로 사람들을 즐겁게 해준답니다.

가 수

歌 手

노래 **가**　사람 **수**

매일매일 우리에게 새로운 소식을 전해 주는 사람은? 신문, 잡지, 뉴스 등에 글을 쓰는[記] 사람[者]인 기자예요. 기자는 이곳저곳을 돌아다니며 새롭게 일어난 일이나 사람들이 궁금해 하는 일들을 글을 써서 전해 주지요.

기 자

記 者

적을 **기**　사람 **자**

집에서 키우는 강아지가 끙끙 아플 땐 동물 병원에 가야지요. 동물 병원에는 아픈 동물[獸]을 치료해[醫] 주는 사람[師]인 수의사가 있어요. 수의사는 강아지, 고양이처럼 집에서 키우는 애완동물부터 소, 돼지처럼 밖에서 키우는 가축까지 모든 동물을 치료한답니다.

동물원에 놀러 가면 토끼, 원숭이, 코끼리 등 다양한 동물을 볼 수 있지요? 이 귀엽고 멋진 동물들을 건강하게 돌보아 주는 사람이 있답니다. 바로 동물을 먹여[飼] 기르는[育] 사람[師]인 사육사예요. 동물을 먹이고 씻기는 일부터 우리 청소까지 모두 사육사의 일이지요.

한자의 음을 □ 안에 써넣어 더 많은 단어를 알아보아요.

가 [歌] 노래

1 기쁜 일에 부르는 축하하는 노래를 축□라고 해요.

2 학교를 대표하는 노래를 교□라고 해요.

수 [手] 사람, 손

1 도와주는 일을 하는 사람을 조□라고 해요.

2 상을 받은 친구에게 박□를 쳐 주었어요.

축가
祝 축하할 축　歌 노래 가

교가
校 학교 교　歌 노래 가

조수
助 도울 조　手 사람 수

박수
拍 칠 박　手 손 수

콕! 콕! 단어 확인!

다음 그림과 관련 있는 직업에 ○ 해 보세요.

| 가수 | 기자 |

여러 사람을 위한 기관, 공공 기관

공공 기관

公 共 機 關
여럿 공　함께 공　틀 기　기관 관

마을에는 여러[公] 사람이 함께[共] 편리하게 생활할 수 있도록 나라에서 만든 기관[機關]인 공공 기관이 있어요. 공공 기관은 마을 사람들을 위험이나 사고에서 안전하게 지켜 주고 혼자서는 할 수 없는 일들을 대신해 주지요.

경찰서는 사람들의 안전을 위해 주위를 주의하여[警] 살피는[察] 일을 하는 관청[署]이에요. 남의 물건을 훔치는 도둑을 잡고 자동차와 사람들이 안전하게 다닐 수 있도록 도와주는 일을 맡아 하지요. 모두 자는 밤에도 경찰차를 타고 마을을 돌아다니며 우리의 안전을 지켜 줘요.

경 찰 서

警 察 署

주의할 **경**　살필 **찰**　관청 **서**

불이야~ 불! 마을에 불이 났어요. 소방서에선 신고를 받자마자 소방차를 출동시켜요. 소방서는 불이 났을 때 불을 끄고[消] 불이 번지지 않도록 막는[防] 일을 하는 관청[署]이에요. 불 끄는 일뿐만 아니라 사고로 다친 사람들을 급히 치료하고 병원까지 빠르고 안전하게 데려다 주는 일도 하지요.

소 방 서

消 防 署

사라질 **소**　막을 **방**　관청 **서**

경찰서는 112, 소방서는 119

집에 도둑이 들면 경찰서인 112, 불이나 사고가 났을 땐 소방서인 119로 전화를 걸어요. 전화번호가 짧은 이유는 기억하기 쉽고 빨리 누를 수 있기 때문이에요. 위급한 사람들을 구하는 번호이니 다른 사람에게 피해를 주는 장난 전화를 걸어서는 안 되겠지요?

우체국은 편지[郵]를 모아 보내[遞] 주는 일을 하는 관청[局]이에요. 우리를 대신해 멀리 떨어져 있는 사람에게 편지나 물건을 전해 주지요. 우체국 덕분에 멀리 계신 할머니께 내 소식을 전할 수도 있고 할머니가 보내 주신 맛있는 김치도 먹을 수 있답니다.

보건소는 건강[健]을 지킬[保] 수 있도록 도와주는 곳[所]이에요. 보건소에 가면 병을 미리 막아 주는 예방 주사를 맞을 수 있고, 내 몸이 건강한지 다양한 검사도 받을 수 있어요. 마을 사람 모두를 위한 곳이므로 병원보다 값이 저렴해 많은 사람이 이용하지요.

한자의 음을 □ 안에 써넣어 더 많은 단어를 알아보아요.

소[消] 사라지다

방[防] 막다

소화기
消 사라질 소 火 불 화 器 도구 기
소독
消 사라질 소 毒 독 독

방수
防 막을 방 水 물 수
방파제
防 막을 방 波 물결 파 堤 둑 제

콕콕! 단어 확인!

다음 ( ) 안에 알맞은 단어를 써 보세요.

1 (   )는 물건을 훔친 도둑을 잡아 주는 곳이에요.

2 편지를 모아 보내 주는 일을 하는 관청을 (   )이라고 해요.

3 (   )는 건강을 지킬 수 있도록 도와주는 곳이에요.

움직이는 생물, 동물

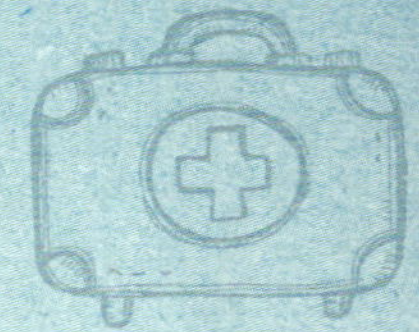

동물

動　物
움직일 동　생물 물

동물은 **살아서 움직이는[動] 모든 생물[物]**을 말해요. 소나 원숭이처럼 땅 위를 걷거나 달리는 동물, 날개로 하늘을 날아다니는 새, 물속을 헤엄치는 물고기도 모두 다 동물이에요.

집에 가면 강아지가 꼬리를 살래살래 흔들며 반겨 주지요? 우리가 사랑[愛]해서 가까이 두고 보거나 즐기는[玩] 동물[動物]이 애완동물이에요. 강아지, 고양이부터 거북이, 햄스터, 앵무새, 사슴벌레까지 애완동물의 종류는 다양하답니다. 애완동물을 기를 때는 동물을 내 가족과 친구처럼 소중히 대하고 책임감을 갖고 길러야 하지요.

애완동물

愛　玩　動　物

사랑 **애**　즐길 **완**　움직일 **동**　생물 **물**

우리가 맛있게 먹는 햄, 고기, 우유, 치즈, 계란 같은 음식 재료들은 가축에게서 얻는답니다. 돼지나 소, 닭처럼 집[家]에서 고기나 가죽을 얻기 위해 기르는[畜] 동물을 가축이라고 해요. 집 주변에 우리를 만들어 두고 그 안에 가축들을 풀어 놓고 기르지요.

가축

家　畜

집 **가**　기를 **축**

식물
植 物
심을 식 생물 물

자유롭게 움직이는 동물들과 달리 식물은 땅에 뿌리를 내린[植] 생물[物]이에요. 키가 큰 나무와 작고 예쁜 꽃, 우리가 먹는 맛있는 과일도 모두 식물이랍니다. 식물은 잎사귀로 따뜻한 햇볕을 쬐고 뿌리로는 땅속의 영양분을 빨아들이지요.

화분
花 盆
꽃화 그릇분

집안에서는 꽃[花]을 심는 그릇[盆]인 화분에 영양이 듬뿍 담긴 거름과 흙을 담아 식물을 심지요. 해가 잘 드는 곳에 화분을 놓고 적당히 물을 주면 식물이 건강하게 쑥쑥 자란답니다.

가로수
街 路 樹
길가 길로 나무수

차나 사람이 다니는 길[街路]에 촘촘히 심긴 나무[樹]를 가로수라고 해요. 가로수는 주변의 나쁜 공기를 빨아들이고 깨끗한 공기를 뱉어 내지요. 가로수 덕분에 우리는 깨끗한 공기를 마시고 예쁜 길도 걸을 수 있어요.

 한자의 음을 □ 안에 써넣어 더 많은 단어를 알아보아요.

동[動] 움직이다

물[物] 물건

자동차
自 스스로 자 動 움직일 동 車 차 차
출동
出 날 출 動 움직일 동

보물
寶 보배 보 物 물건 물
건물
建 세울 건 物 물건 물

 콕! 콕! 단어 확인!!

다음 (   ) 안에 들어갈 알맞은 단어를 보기에서 골라 써 보세요.

보기	화분	애완동물

1 사랑해서 가까이 두고 보거나 즐기는 동물을 (   )이라고 해요.

2 예쁜 (   )에 꽃을 심었어요.

봄·여름·가을·겨울, 사계절

사 계 절

四 季 節

넷 **사**　계절 **계**　계절 **절**

따뜻한 봄, 후덥지근한 여름, 맑은 하늘의 가을, 하얀 눈이 내리는 겨울까지! 우리나라는 네[四] 가지 계절[季節], 사계절이 뚜렷한 나라랍니다. 계절마다 각기 다른 날씨의 특징을 가지고 있지요.

봄이 되면 반가운 손님들이 찾아오지요. 겨울 동안 꼭꼭 숨어 있던 꽃들이 활짝 피어나고, 겨울잠을 자던 동물들도 기지개를 켜며 깨어나거든요. 하지만 반갑지 않은 손님도 있어요. 바로 중국의 사막에서 바람을 타고 날아오는 누런[黃] 모래[砂]인 황사랍니다. 누런 모래바람 속에는 세균이 많으니 밖에 나갈 땐 꼭 마스크를 하도록 해요.

봄인데 왜 이렇게 춥지?

꽃이 활짝 피는 봄에도 가끔 찬바람이 쌩쌩 불어와요. 이런 날씨를 꽃샘추위라고 해요. 겨울이 예쁜 꽃이 핀 봄을 시샘하여 찬바람을 훅훅 불어 추운 거래요.

아이~ 더워라. 햇볕이 쨍쨍 여름이 왔어요. 여름은 햇볕이 뜨겁게 내리쬐다가도 며칠 동안 주룩주룩 비가 내리기도 하는 변덕스런 날씨랍니다. 비와 함께 몹시 세차게[颱] 부는 바람[風]인 태풍이 찾아오기도 하지요.

단풍

丹　楓

붉을 단　단풍나무 풍

가을이 되면 벼가 누렇게 익어 가고 나무들도 빨갛고 노랗게 단풍이 들지요? 단풍은 잎이 붉게[丹] 물든 나무[楓]와 그 잎을 말해요. 가을은 맑고 선선한 날씨 덕분에 가족, 친구와 함께 단풍 구경을 떠나기에 더없이 좋은 계절이지요. 하지만 밤이 되면 쌀쌀해지니까 감기에 걸리지 않도록 항상 조심!

폭설

暴　雪

갑자기 폭　눈 설

찬바람이 쌩쌩 부는 겨울이 되면 기다려지는 것! 바로 소복소복 하얀 눈이에요. 친구들과 하얀 눈을 뽀드득 밟으며 하는 눈싸움은 정말 재미있지요. 하지만 갑자기[暴] 많이 내리는 눈[雪]인 폭설은 위험해요. 눈이 한꺼번에 많이 내리면 길이 막혀 돌아다니기 불편하고 땅이 얼어 넘어질 수 있답니다. 지나가는 사람이 다치지 않도록 내 집 앞의 눈은 쌓이기 전에 바로바로 치워요.

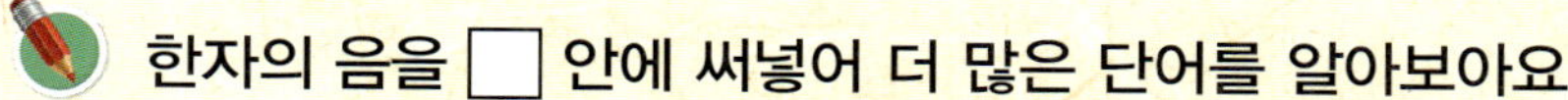

한자의 음을 ☐ 안에 써넣어 더 많은 단어를 알아보아요.

황[黃] 누렇다

1 노란빛이 나는 쇳덩어리를 ☐금이라고 해요.

2 빨간색과 노란색을 섞으면 주☐색이 되지요.

사[砂] 모래

1 ☐막은 드넓은 모래벌판이에요.

2 산의 모래와 돌덩이가 미끄러져 아래로 떨어지는 것을
산☐태라고 해요.

황금
黃 누를 황 金 쇠 금
주황색
朱 붉을 주 黃 누를 황 色 색깔 색

사막
砂 모래 사 漠 넓을 막
산사태
山 산 산 砂 모래 사 汰 미끄러질 태

콕! 콕! 단어 확인!

다음 단어와 어울리는 계절을 바르게 연결해 보세요.

폭설　　◎　　　　　　◎　봄

황사　　◎　　　　　　◎　여름

태풍　　◎　　　　　　◎　가을

단풍　　◎　　　　　　◎　겨울

옮겨 나르는 일, 운반

우리는 살아가면서 수많은 물건을 사용한답니다. 공부할 땐 책과 연필, 몸을 씻을 땐 칫솔과 비누, 재미있게 놀려면 장난감과 게임기가 필요하지요. 그렇다면 이 물건들은 어디서 나서 어떻게 우리 손까지 오게 된 것일까요?

우리가 매일 먹는 하얀 쌀은 논에서, 아삭아삭 사과는 과수원에서, 맛좋은 생선은 바다에서 나지요. 논, 과수원, 바다는 모두 물건이 만들어진[生産] 장소[地]인 생산지랍니다. 농촌에서는 대부분 먹거리가 만들어지고 도시와 가까운 공장에서는 학용품과 가전제품 등이 만들어져요.

생선을 먹으러 바다로, 컴퓨터를 사려고 공장까지 가야 한다면? 어휴~ 너무 멀어요. 우리가 물건을 쉽게 살 수 있도록 가까운 시장이나 가게로 물건을 옮겨 주시는 분들이 있답니다. 탈것에 물건을 실어서 옮겨[運] 나르는[搬] 일을 운반이라고 해요. 물건을 어디로 보내는지에 따라 비행기, 트럭, 배 같은 다양한 탈것을 이용하지요.

<table>
<tr><td>생산지</td></tr>
<tr><td>生 産 地
날 생　날 산　땅 지</td></tr>
</table>

<table>
<tr><td>운반</td></tr>
<tr><td>運 搬
옮길 운　나를 반</td></tr>
</table>

진열

陳 列

늘어놓을 진　벌일 렬

생산지에서 출발한 물건은 차나 배에 실려 시장과 가게에 도착하지요. 사과와 배는 과일 가게, 생선은 생선 가게, 볼펜과 공책은 문구점으로……. 물건이 도착하면 가게 주인은 물건을 사람들에게 잘 보이도록 죽 늘어놓거나[陳] 보기 좋게 벌여[列] 놓는 일인 진열을 해요. 종류별, 크기별, 색깔별로 보기 좋게 진열하면 사람들이 필요한 물건을 쉽게 찾을 수 있답니다.

판매

販 賣

팔 판　팔 매

구매

購 買

살 구　살 매

가게 주인은 물건을 팔고 우리는 물건을 사지요? 이렇게 필요한 사람에게 물건을 파는[販賣] 일을 판매, 필요한 물건을 사는[購買] 일을 구매라고 해요. 이때, 물건을 파는 사람은 판매자, 물건을 사는 사람은 구매자라고 한답니다. 아무리 작은 물건이라도 여러 사람의 손을 거쳐 내게 온 만큼 물건을 소중히 여겨야겠지요?

한자의 음을 ☐ 안에 써넣어 더 많은 단어를 알아보아요.

산[産] 나다

지[地] 땅

농산물
農 농사 농　産 날 산　物 물건 물

수산물
水 물 수　産 날 산　物 물건 물

지구
地 땅 지　球 공 구

지진
地 땅 지　震 흔들릴 진

콕! 콕! 단어 확인!

다음 (　　　) 안에 들어갈 알맞은 단어를 보기에서 골라 써 보세요.

보기	판매	운반

생산지 → (　　　　　) → 진열 → (　　　　　)

물건 살 때 확인해요, 유통 기한

엄마를 따라 가게에 왔어요. 엄마는 물건을 들고 요리조리 살펴보고 한참을 생각하시더니 드디어 하나를 고르셨네요. 엄마가 열심히 살펴보신 것은 무엇인지 함께 알아볼까요?

친구가 산 물건이 좋아 보여서 필요 없는 물건을 따라 산 적이 있나요? 물건을 살 때는 반드시 물건이 쓰이는[用] 곳[途]을 생각하고 그 용도에 맞게 사야지요. 연필 담을 필통이 필요한데 모양이 예쁘다고 필요 없는 신주머니를 샀다면! 신주머니에 연필을 넣고 다닐 수는 없겠지요?

꼭 필요한 물건만 사는 방법! 물건을 사러 가기 전에 미리 사야 할 물건을 종이에 적어 가요. 나에게 필요한 물건만 골라 낭비하지 않고 빠르게 살 수 있답니다.

물건을 사기 전엔 먼저 내가 가진 돈으로 살 수 있는지 알아봐야지요. 물건의 겉면에는 물건값[價]을 알려[格] 주는 표시[表]인 가격표가 있어요. 가격표를 보고 자신이 가지고 있는 돈에 맞춰 물건을 살 수 있답니다.

물건의 겉면에 조그맣게 찍혀 있는 숫자를 본 적 있나요? 유통 기한을 알려 주는 숫자랍니다. 유통 기한은 **물건이 상하지 않고 여기저기를 흘러[流] 다닐[通] 수 있도록 정해[限] 놓은 안전한 기간[期]**이에요. 특히 상하기 쉬운 먹거리는 유통 기한을 꼭 확인하고 사야지요. 그 밖에도 물건이 튼튼한지, 상한 부분은 없는지 꼼꼼히 살펴보고 사도록 해요.

물건값을 낸 후에는 거스름돈과 함께 영수증을 받아요. 영수증은 **물건을 사고 제대로 돈을 받았다고[領收] 알려[證] 주는 종이**랍니다. 영수증에는 내가 어떤 물건을 샀는지, 얼마를 썼는지 모두 쓰여 있어요.

✏️ 한자의 음을 ☐ 안에 써넣어 더 많은 단어를 알아보아요.

가[價] 값

1 비싼 값을 고☐라고 해요.

2 정해진 값을 정☐라고 해요.

격[格] 자리, 법식

1 한자 급수 시험에 합☐했어요.

2 매우 엄한 것을 엄☐하다고 해요.

고가
高 높을 고　價 값 가
정가
定 정할 정　價 값 가

합격
合 적합할 합　格 자리 격
엄격
嚴 엄할 엄　格 법식 격

콕! 콕! 단어 확인!

✏️ 다음 ( ) 안에 들어갈 알맞은 단어를 보기에서 골라 써 보세요.

| 보기 | 가격표 | 영수증 |

1 물건값을 알려 주는 표시를 ( )라고 해요.

2 물건을 사고 제대로 돈을 받았다고 알려 주는 종이를 ( )
이라고 해요.

콕! 찍어 주는
즐거운 생활
속 한자어
콕! 찍어 주는 교과서

뜻을 알고
공부하니까
머리에도 쏙! 쏙!

줄로 연주하는 악기, 현악기

악기

樂　器

음악 **악**　도구 **기**

멋진 연주를 하려면 필요한 이것! 바로 악기지요. 악기는 음악[樂]을 연주할 때 소리를 내는 도구[器]를 말해요. 악기의 종류는 정말 다양하지요.

리코더나 트럼펫은 입으로 불어서 소리를 내고 북과 트라이앵글은 손으로 두드려서 소리를 내요. 악기는 소리를 내는 방법에 따라서 현악기, 관악기, 타악기로 나눌 수 있답니다.

바이올린, 기타, 하프의 공통점은? 맞아요, 모두 여러 개의 줄이 달린 악기들이지요. 줄[絃]을 켜거나 타서 소리를 내는 악기[樂器]를 현악기라고 해요. 우리나라의 전통 악기 중에는 거문고와 가야금 등이 현악기에 속한답니다.

관악기는 속이 빈 둥근 피리[管]를 입으로 불어서 소리를 내는 악기[樂器]로 악기의 뚫린 구멍을 막거나 튀어나온 단추를 눌러 멋진 연주를 한답니다. 피리, 나팔, 트럼펫, 단소 등이 관악기지요.

두드리거나 쳐서[打] 소리를 내는 악기[樂器]는 타악기예요. 손으로 직접 두드리거나 도구를 들고 쳐서 소리를 내지요. 타악기에는 북, 징, 꽹과리, 장구, 심벌즈 등이 있어요.

현악기

絃 樂 器

줄 현　음악 악　도구 기

관악기

管 樂 器

피리 관　음악 악　도구 기

타악기

打 樂 器

칠 타　음악 악　도구 기

같은 곡을 연주해도 피리는 삑삑 가느다란 소리가 나고 나팔은 뚜뚜 두꺼운 소리가 나요. 그건 악기마다 소리[音]의 색깔[色]인 음색이 다르기 때문이에요. 무지개가 빨주노초파남보 제각기 다른 색깔을 가지고 있는 것처럼 악기도 저마다 특별한 소리를 내지요.

그럼 아래 악기들은 어떤 소리를 내는지 〔　　　〕 안에 써 볼까요?

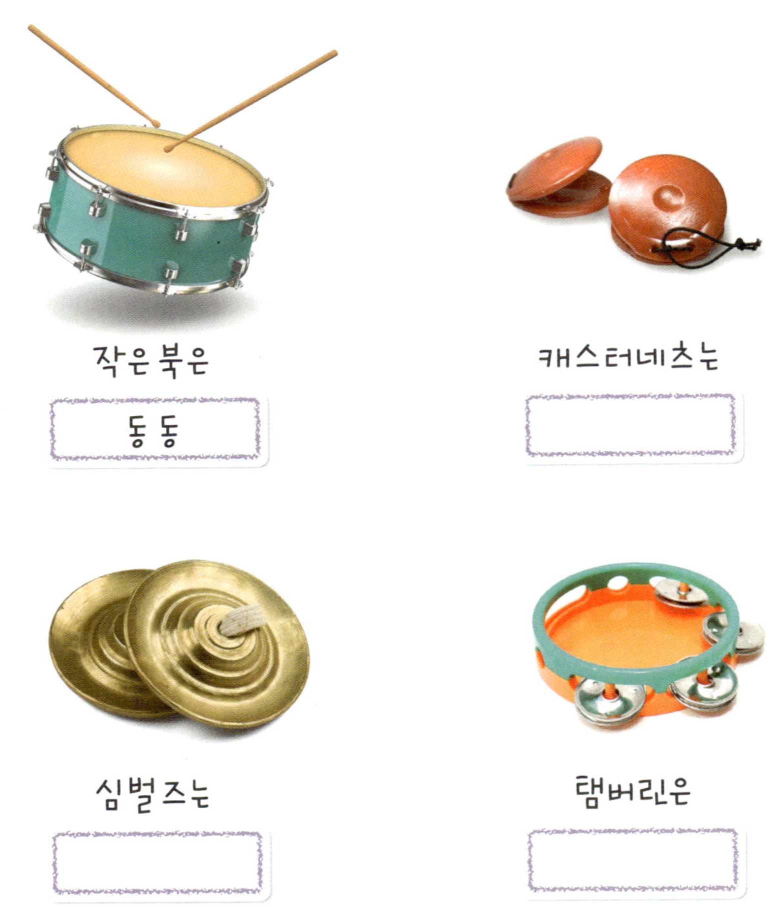

작은북은

둥둥

캐스터네츠는

심벌즈는

탬버린은

✏ 한자의 음을 ☐ 안에 써넣어 더 많은 단어를 알아보아요.

음[音] 소리

1 고 ☐ 은 높은 소리를 말해요.

2 정확한 발 ☐ 으로 또박또박 말해야 해요.

색[色] 색깔

1 아무런 색깔이 없는 것을 무 ☐ 이라고 해요.

2 다양한 색깔로 물들이는 것을 염 ☐ 이라고 해요.

고음
高 높을 고 音 소리 음
발음
發 나갈 발 音 소리 음

무색
無 없을 무 色 색깔 색
염색
染 물들일 염 色 색깔 색

콕! 콕! 단어 확인!

✏ 다음 단어에 해당하는 악기를 바르게 연결해 보세요.

관악기　◉　　　　　◉

타악기　◉　　　　　◉

그림을 그리는 종이, 도화지

도 화 지

圖 畫 紙
그림 **도** 그림 **화** 종이 **지**

미술 시간이 되면 하얀 도화지 위에 예쁘게 그림을 그리지요? 그림[圖畫]을 그리는 도톰한 종이[紙]를 도화지라고 해요. 두께가 두꺼워서 크레파스, 물감, 색연필 등 다양한 도구를 사용해 자유롭게 그릴 수 있어요.

공장에서 처음 만들어진 종이는 크고 긴 두루마리 휴지처럼 둘둘 말려 있어요. 그것을 우리가 원하는 크기만큼 잘라서 쓰는 것이지요. 문구점에 가면 여러분의 키보다도 더 큰 종이를 팔아요. 아직 자르지 않은 온전한[全] 모양의 종이[紙]인 전지랍니다.

전 지

全　紙

온전할 **전**　종이 **지**

종이에 그림만 그릴 수 있는 것은 아니지요. 글자 공부를 할 수 있는 종이도 있답니다. 바로 글자[字]를 익힐[習] 수 있는 얇은 종이[紙]인 습자지예요. 습자지는 아주 얇아서 책 위에 올려놓으면 책에 쓰인 글씨가 종이에 비쳐 글자를 따라 쓸 수 있지요.

습 자 지

習　字　紙

익힐 **습**　글자 **자**　종이 **지**

우리나라는 예로부터 한지를 사용했어요. 한지는 우리나라[韓]의 전통 종이[紙]로, 닥나무 껍질을 물에 삶아 말린 종이를 말해요. 나무껍질을 여러 겹 겹쳐 만들어서 두껍고 질겨 오래 사용할 수 있어요.

한지는 재료와 색깔, 쓰임에 따라 종류가 다양해요. 우리나라 전통 한옥의 문과 창문에 유리 대신 붙이는 흰 한지는 창호지예요. 또, 붓글씨를 쓰고 그림을 그릴 때 가장 많이 사용하는 한지는 화선지지요.

왜 종이라고 부르나요?
옛날에는 종이를 닥나무 껍질로 만들어서 '저피'라고 불렀어요. 저(楮)는 '닥나무', 피(皮)는 '껍질'을 뜻해요. 오랜 시간이 지나 '저피'라는 이름이 변해 지금의 '종이'로 불리게 되었답니다.

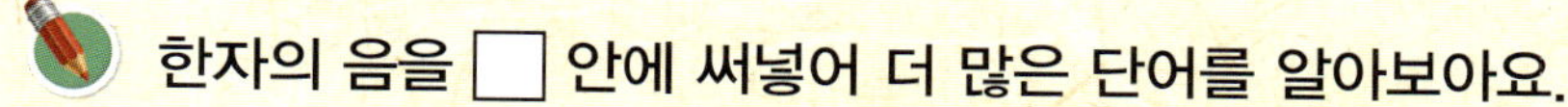

한자의 음을 ☐ 안에 써넣어 더 많은 단어를 알아보아요.

전[全] 온전하다

1 힘을 온전히 다 쏟는 것을 ☐력을 다한다고 해요.

2 온 나라를 그린 지도를 ☐국 지도라고 해요.

지[紙] 종이

1 책의 겉 종이를 표☐라고 해요.

2 벽☐는 벽에 바르는 종이예요.

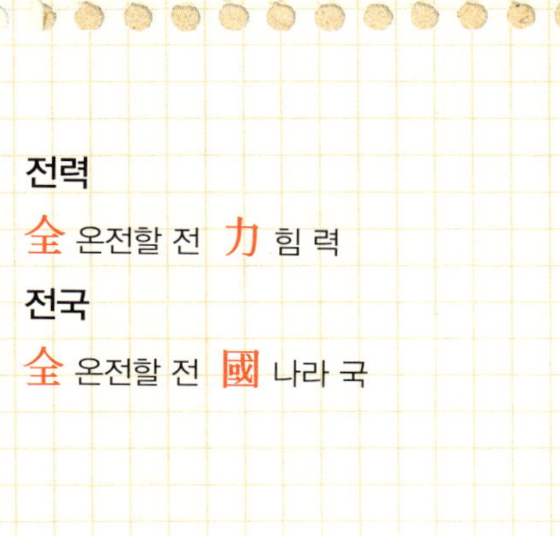

전력
全 온전할 전　力 힘 력
전국
全 온전할 전　國 나라 국

표지
表 겉 표　紙 종이 지
벽지
壁 벽 벽　紙 종이 지

다음 ☐ 안에 들어갈 말을 카드에서 찾아 단어를 완성해 보세요.

1 그림을 그리는 종이: ☐☐지

2 글자를 익히는 종이: ☐☐지

3 온전한 모양의 종이: ☐지

4 우리나라 전통 종이: ☐지

화　전
습　　도
자　한

색이 가진 빛깔의 이름, 색채명

비가 온 뒤엔 하늘에 예쁜 무지개가 뜨지요. 우리가 일곱 가지 색으로 알고 있는 무지개는 사실 셀 수 없이 많은 색을 가지고 있답니다. 사람들이 구분하기 쉽도록 일곱 가지 색으로 정해 놓은 것뿐이지요.

나라마다 무지개색이 다르다고요?

무지개색은 나라마다 조금씩 달라요. 우리나라와 일본은 7가지 색이지만 미국과 영국에서는 남색을 뺀 빨주노초파보의 6가지 색을 무지개색이라고 한답니다.

색[色]이 가진 빛깔[彩]의 이름[名]을 색채명이라고 해요. 우리나라는 빨강, 노랑, 초록, 파랑, 보라의 기본색과 주황, 연두, 청록, 남색, 자주의 중간색까지 모두 열 가지 색을 정해 이름을 붙여 놓았답니다. 이 열 가지 색상[色相]을 보기 편하도록 둥근 고리[環] 모양으로 그려 놓은 표가 바로 색상환이에요.

배색은 색[色]을 짝[配]지어 주는 것이에요. 서로 다른 색을 짝지어 주면 하나의 색이 가지는 느낌보다 더 강하고 색다른 느낌을 얻을 수 있어요. 비슷한 색끼리 짝지어 주면 부드럽고 안정적인 느낌이 들고 서로 반대되는 색을 짝지어 주면 눈에 확 띄고 활기찬 느낌이 들지요.

색 채 명

色 彩 名
색깔 색　빛 채　이름 명

색 상 환

色 相 環
색깔 색　모양 상　고리 환

배 색

配 色
짝 배　색깔 색

혼색은 여러 가지 색깔[色]을 하나로 섞는[混] 것이에요. 서로 다른 색을 섞으면 전혀 다른 새로운 색이 되지요.

여러분은 알고 있나요? 빨강, 노랑, 파랑 이 세 가지 색만 있으면 하얀색을 뺀 모든 색을 만들 수 있다는 사실! 노랑과 파랑을 섞으면 초록색, 노랑과 빨강을 섞으면 주황색, 빨강과 파랑을 섞으면 보라색이 되지요. 그럼 빨강, 노랑, 파랑을 모두 섞으면 어떤 색이 될까요? 새까만 검은색이 된답니다.

한자의 음을 ☐ 안에 써넣어 더 많은 단어를 알아보아요.

혼[混] 섞이다

☐잡

☐혈

색[色] 색깔

보호☐

☐지

혼잡

混 섞일 혼　雜 복잡할 잡

혼혈

混 섞일 혼　血 피 혈

보호색

保 보호할 보　護 보호할 호　色 색깔 색

색지

色 색깔 색　紙 종이 지

콕콕! 단어 확인!

다음 (　　) 안에 알맞은 단어를 써 보세요.

1 색을 짝지어 주는 것을 (　　　　　)이라고 해요.

2 여러 가지 색깔을 섞는 것을 (　　　　　)이라고 해요.

3 노랑과 파랑을 섞으면 (　　　　　)이 되지요.

헤엄칠 수 있는 곳, 수영장

수영장

水 泳 場
물 수　헤엄칠 영　곳 장

땀이 줄줄 흐르는 더운 날에는 시원한 물속에 풍덩! 신 나게 놀고 싶어요. 시원하게 물놀이를 할 수 있는 곳은? 수영장이지요. 수영장은 물[水]에서 헤엄치며[泳] 놀 수 있게 만들어진 곳[場]이에요.

물놀이하기 전에 먼저 안전 규칙을 알아야겠죠? 안전 규칙은 위험과 사고에서 내 몸을 편안하고[安] 온전하게[全] 지켜 주는 법[規則]을 말해요. 수영장에선 안전 규칙을 꼭 지켜야 즐겁고 안전한 물놀이를 할 수 있어요.

안전 규칙

安 全 規 則

편안할 **안**　온전할 **전**　법 **규**　법 **칙**

물놀이 안전 규칙

1. 깊은 물에는 들어가지 않아요.
2. 심장에서 먼 부분부터 물을 적셔 가면서 들어가요.
3. 밥을 먹고 나서는 30분 후에 물에 들어가요.

드디어 수영장에 도착했어요. 어서 빨리 물속으로~ 그만! 아직은 안 돼요. 준비 운동을 해야지요. 준비 운동은 본격적인 물놀이 전 운동하기에 알맞게 미리 몸을 고르게[準] 갖추어[備] 놓는 가벼운 운동[運動]을 말해요. 준비 운동을 하지 않고 갑자기 물에 들어가면 팔과 다리에 쥐가 나서 물에 빠질 수도 있답니다.

준비 운동

準 備 運 動

고를 **준**　갖출 **비**　움직일 **운**　움직일 **동**

신 나는 물놀이 시간이에요. 하지만 물놀이가 아무리 재미있어도 50분마다 한 번씩 물 밖으로 나와 휴식을 취해야 한답니다. 휴식은 하던 일을 멈추고 잠시 쉬는[休息] 것이에요. 물속에 오래 있으면 체온이 내려가 몸이 덜덜 떨리거나 팔과 다리에 쥐가 날 수 있으니 반드시 쉬어 주어야 한답니다.

물놀이가 끝난 후에는? 정리 운동을 빼먹으면 안 되지요. 정리 운동은 물놀이로 지친 몸을 가지런히[整] 풀어 주고 가쁜 숨을 다스리는[理] 가벼운 운동[運動]을 말해요. 물놀이 다음 날 몸 여기저기 아프지 않으려면 정리 운동을 꼭 하도록 해요.

 한자, 꼬리에 꼬리를 물고

 한자의 음을 ☐ 안에 써넣어 더 많은 단어를 알아보아요.

수[水] 물

영[泳] 헤엄치다

잠수
潛 잠길 잠 水 물 수
수심
水 물 수 深 깊을 심

수영복
水 물 수 泳 헤엄칠 영 服 옷 복
배영
背 등 배 泳 헤엄칠 영

콕콕! 단어 확인!

✏ 다음 (　　　) 안에 알맞은 단어를 써 보세요.

1 물놀이 사고를 막으려면 물놀이 (　　　　　)을 지켜야 해요.

2 물놀이를 하기 전에는 (　　　　　) 운동을 하고 물놀이를 한 후에는
(　　　　　) 운동을 해야 해요.

자유롭게 그린 그림, 만화

만화

漫 畫
자유로울 만　그림 화

여러분은 만화를 좋아하나요? 만화란 일정한 형식 없이 자유롭게 [漫] 붓 가는 대로 그린 그림[畫]을 말해요. 만화는 종이에 그려진 그림과 말풍선으로 내용을 재미있게 전달하지요.

영화관이나 텔레비전에서 만화 영화를 본 적이 있을 거예요. 만화 영화는 만화[漫畫] 속 그림[畫]을 벽에 비춰[映] 실제 움직이는 것처럼 보이는 것을 말해요. 만화 영화에서는 만화책 속 주인공이 실제로 말도 하고 살아 움직이지요. 영어로는 '애니메이션'이라고 해요.

만화에 대한 모든 것, 만화 박물관

경기도 부천에는 한국 만화 박물관이 있어요. 여러분이 태어나기 훨씬 전부터 나온 만화책들을 모아 놓은 전시관과 만화 영화를 볼 수 있는 상영관도 있지요. 하나 더, 무려 25만 권이 넘는 만화책만 모아 놓은 만화 도서관도 있다고 해요.

멈춰 있는 그림을 어떻게 움직이는 것처럼 보이게 만든 걸까요? 다 잔상 덕분이지요. 잔상은 방금 본 모양[像]이 머리에 남아[殘] 눈앞에 보이는 현상을 말해요. 부채의 양면에 서로 다른 그림을 그리고 두 손으로 부채를 빠르게 돌리면 두 그림이 서로 겹쳐 하나로 보이는 것도 잔상 때문이랍니다.

성우

聲 優
목소리 성　연기자 우

만화 영화에 나오는 등장인물들의 목소리는 사실 성우의 목소리 예요. 성우는 목소리[聲]만으로 연기하는 사람[優]이에요. 성우의 목소리 덕분에 만화 속 등장인물이 실제로 말하는 것 같은 느낌이 들지요.

효과음

效 果 音
나타낼 효　정말 과　소리 음

만화 영화에는 성우의 목소리 외에도 비가 내리는 소리, 새가 지저귀는 소리 등 다양한 소리를 만들어 사용해요. 이렇게 진짜[果] 같이 들리도록 나타낸[效] 소리[音]를 효과음이라고 하지요. 성우의 목소리와 효과음이 들어가면 더욱 실감 나는 만화 영화가 완성된답니다.

✏️ 한자의 음을 □ 안에 써넣어 더 많은 단어를 알아보아요.

만[漫] 자유롭다, 흩어지다

화[畫] 그림

만화책
漫 자유로울 만　畫 그림 화　册 책 책
산만
散 흩어질 산　漫 흩어질 만

화가
畫 그림 화　家 사람 가
벽화
壁 벽 벽　畫 그림 화

콕! 콕! 단어 확인!

✏️ 다음 설명의 알맞은 단어에 ○ 해 보세요.

1 자유롭게 붓 가는 대로 그린 그림을 (만화/잔상)(이)라고 해요.

2 (잔상/성우)(은)는 방금 본 모양이 머리에 남아 눈앞에 보이는 현상이에요.

3 진짜 같이 들리도록 나타낸 소리를 (성우/효과음)(이)라고 해요.

재주를 겨루는 큰 모임, 대회

대회

大 會
큰 대　모일 회

해마다 날씨가 좋은 봄, 가을이면 '글짓기 대회', '그림 그리기 대회', '합창 대회' 등이 열려요. 대회는 재주나 기술을 겨루는 큰[大] 모임[會]을 뜻해요.

백일장은 어떤 대회인가요?

글짓기 대회를 백일장이라고도 하지요? 백일장은 조선 시대에 선비들이 하얗게[白] 해[日]가 내리쬐는 낮에 글재주를 겨루었던 대회[場]를 말해요. 선비들은 백일장에 참가해 자신의 글재주를 뽐냈답니다.

대회에 참여하여[參] 그 대회에 들어가는[加] 것을 참가라고 해요.
대회에 참가[參加]하는 사람[者]은 참가자지요. 사람들은 대회에
참가해 그동안 갈고닦은 실력을 마음껏 펼친답니다. 대회에 따라
혼자 참가하거나 다른 사람들과 팀을 이루어 참가하기도 해요.

참 가

參 加
참여할 **참**　더할 **가**

참 가 자

參 加 者
참여할 **참**　더할 **가**　사람 **자**

대회에 나가면 다른 사람과 실력을 겨루게 돼요. 서로 이기려고
겨루는[競爭] 일을 경쟁이라고 해요. 하지만 이기고 싶다고 반칙
을 해서는 안 되죠. 정정당당하게! 결과에 상관없이
있는 그대로 자신의 실력을 펼쳐야 해요.

경 쟁

競 爭
겨룰 **경**　겨룰 **쟁**

<table>
<tr><td>

심사

審 查
살필 심   조사 사

</td><td>

대회에서는 참가자마다 자신이 갈고닦은 실력을 마음껏 뽐내지요. 이때 누가 더 잘하였는지 살피고[審] 알아보는[査] 일을 심사라고 한답니다. 심사하는 사람은 참가자들의 실력을 비교해서 더 잘한 순서대로 등수를 매겨요.

</td></tr>
<tr><td>

수상

受 賞
받을 수   상 상

</td><td>

대회가 끝나면 참가자 중 뛰어난 실력을 갖춘 사람들을 가려 뽑아 상을 주지요. 실력에 따라 대상, 금상, 은상, 동상 순으로 상을 받아요. 이때 상[賞] 받는[受] 일은 수상이라 하고 반대로 상[賞] 주는[施] 일은 시상이라고 한답니다.

</td></tr>
<tr><td>

시상

施 賞
줄 시   상 상

</td><td></td></tr>
</table>

✏️ 한자의 음을 □ 안에 써넣어 더 많은 단어를 알아보아요.

대[大] 크다

□문

□상

회[會] 모이다

학예 □

운동 □

대문
大 큰 대 門 문 문
대상
大 큰 대 賞 상 상

학예회
學 배울 학 藝 재주 예 會 모일 회
운동회
運 움직일 운 動 움직일 동 會 모일 회

콕! 콕! 단어 확인!

✏️ 다음 (　　) 안에 들어갈 알맞은 단어를 보기에서 골라 써 보세요.

보기	수상	대회

1 재주나 기술을 겨루는 큰 모임을 (　　　　)라고 해요.

2 상 받는 일을 (　　　　)이라고 해요.

선수 중 선수, 대표 선수

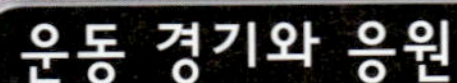

텔레비전을 켜면 축구, 야구, 수영, 달리기 등 다양한 운동 경기를 볼 수 있어요. 운동 경기는 운동[運動]으로 재주[技]를 겨루는[競] 일이지요.

운동 경기

運 動 競 技
움직일 **운** 움직일 **동** 겨룰 **경** 재주 **기**

피겨 스케이트 선수 김연아와 수영 선수 박태환, 축구 선수 박지성을 알고 있나요? 모두 세계적인 대회에서 뛰어난 실력을 보인 우리나라 대표 선수들이에요. 대표 선수는 실력이 뛰어나 다른 선수를 대신하여[代] 모범[表]으로 뽑힌[選] 사람[手]이랍니다.

대표 선수

代 表 選 手
대신할 **대**　모범 **표**　뽑을 **선**　사람 **수**

운동 경기에서 선수들이 온 힘을 다해 겨루는 모습을 보면 나도 모르게 손뼉을 치거나 소리를 지르게 되지요? 우리 선수들이 힘낼 수 있게 편들고[應] 도와주는[援] 일을 응원이라고 해요. 응원하는 방법에는 박자에 맞춰 손뼉치기, 악기 연주하기 등 다양한 방법이 있답니다. 여러 가지 응원 도구를 사용하는 것도 좋은 방법이지요.

응원

應 援
편들 **응**　도울 **원**

운동 경기가 끝나고 마침내 우승자가 정해지지요. 우승은 경기에서 뛰어난[優] 실력으로 상대방을 이기는[勝] 일을 말해요.

사람들은 우승한 선수에게 축하의 박수를 보내며 함께 기뻐해 주지요. 비록 경기는 졌지만, 최선을 다한 다른 선수들에게도 위로와 힘찬 박수를 보내는 것, 잊지 말아야겠지요?

사진을 찍을 때 왜 'V' 자를 할까?

'V(브이)'는 승리(Victory:빅토리)를 의미해요. 영국의 총리였던 윈스턴 처칠은 다른 나라와 전쟁을 하기 전에 국민에게 '우리가 반드시 이겨 승리한다!'라는 뜻을 담아 손가락으로 'V' 자를 만들어 보였다고 해요. 그 후부터 사람들도 그를 따라 사진을 찍을 때 손가락으로 'V' 자 모양을 만들게 된 것이랍니다.

우 승

優 勝
뛰어날 **우**　　이길 **승**

한자, 꼬리에 꼬리를 물고

✏️ 한자의 음을 ☐ 안에 써넣어 더 많은 단어를 알아보아요.

우[優] 뛰어나다, 넉넉하다

1 여럿 가운데 아주 뛰어난 것을 ☐수라고 해요.

2 특별히 넉넉하게 잘 대접하는 것을 ☐대 라고 해요.

승[勝] 이기다

1 우리나라 축구 대표 팀이 결☐에 진출했어요.

2 ☐패에 연연하지 말고 최선을 다해요.

우수
優 뛰어날 우   秀 뛰어날 수
우대
優 넉넉할 우   待 대접할 대

결승
決 결정할 결   勝 이길 승
승패
勝 이길 승   敗 패할 패

콕! 콕! 단어 확인!

✏️ 다음 (   ) 안에 들어갈 알맞은 단어를 보기에서 골라 써 보세요.

> **보기**   대표 선수   응원

1 (   )는 실력이 뛰어나 다른 선수를 대신하여 모범으로 뽑힌 사람이에요.

2 선수들이 경기에서 힘낼 수 있도록 열심히 (   )해요.

옛사람들의 생활, 민속

민속

民 俗

사람 민　풍속 속

민속은 옛날부터 사람[民]들이 해 온 여러 가지 생활 방식과 풍속[俗]을 말해요. 널뛰기, 연날리기, 윷놀이, 강강술래, 줄다리기 등은 모두 지금까지 전해 오는 민속놀이지요.

명절이 되면 우리는 민속놀이를 즐기고 특별한 음식도 먹어요. 설날에는 널뛰기와 연날리기를 하고 떡국을 먹지요. 추석에는 달맞이와 강강술래를 하고 송편을 먹어요. 이렇게 해[歲]마다 때[時]가 되면 행하는 풍속[風俗]을 아울러 세시 풍속이라고 한답니다.

그럼 우리나라의 대표적인 명절과 세시 풍속을 알아볼까요?

설날 – 떡국

정월 대보름 – 부럼 깨기

명절	날짜	세시 풍속
설날	음력 1월 1일	세배, 널뛰기, 연날리기, 떡국 먹기
정월 대보름	음력 1월 15일	부럼 까기, 쥐불놀이, 오곡밥 먹기
단오	음력 5월 5일	씨름, 그네뛰기, 창포 물에 머리 감기, 수리취떡 먹기
추석	음력 8월 15일	줄다리기, 강강술래, 송편 먹기

단오 – 씨름

추석 – 송편

온 가족이 다 모이는 명절, 세시 풍속과 함께 빼놓을 수 없는 것이 바로 농악이지요. 농악은 농사[農]가 잘되길 바라며 농부들 사이에 연주되던 음악[樂]이었대요. 사람들은 나발, 징, 꽹과리, 장구, 북 등 여러 가지 전통 악기를 연주하며 온 동네를 돌아다녔지요. 마을 사람들은 흥겨운 농악을 들으며 함께 기쁨을 나누고 그해 농사가 잘되기를 바랐다고 해요. 지금은 명절에 빼놓을 수 없는 우리나라 전통 음악으로 문화재에도 등록되어 있답니다.

사물놀이가 뭐예요?

사물놀이는 전통 음악인 농악이 변해 탄생한 우리 음악이에요. 농악에 쓰인 여러 악기 중 꽹과리, 장구, 북, 징, 이렇게 없어서는 안 될 중요한 네 악기로만 연주하지요. 사물놀이는 그 소리가 흥겹고 신이 나 전 세계적으로 두루 사랑받고 있답니다.

✏️ 한자의 음을 ☐ 안에 써넣어 더 많은 단어를 알아보아요.

농[農] 농사

1 농사짓는 마을을 ☐촌이라고 해요.

2 농사짓는 사람을 ☐부라고 해요.

악[樂] 음악

1 ☐보를 보면서 악기를 연주해요.

2 사람의 목소리로 이루어진 음악을 성☐이라고 해요.

농촌
農 농사 농　村 마을 촌
농부
農 농사 농　夫 사람 부

악보
樂 음악 악　譜 적을 보
성악
聲 소리 성　樂 음악 악

콕! 콕! 단어 확인!

✏️ 다음 단어와 사진을 바르게 연결해 보세요.

◆ 추석　◉　　◉

◆ 설날　◉　　◉

〈학급 회의〉
"정답 찾는 방법"
지금까지 배운 거 찾아볼까?

부록

국어

되풀이하는 말, 반복 　15쪽

반성문 자신의 잘못을 돌이켜[反] 살펴[省] 쓴 글[文]
반칙 정해져 있는 법[則]을 어김[反]
복습 배운 것을 되풀이하여[復] 다시 익힘[習]
회복 원래의 상태로 돌아옴[回復]

 1. 시어　　　　2. 낭송

일기는 자세하고 솔직하게! 　19쪽

휴일 쉬는[休] 날[日]
일출 해[日]가 나옴[出]
필기 글을 쓰거나[筆] 받아 적음[記]
암기 마음속으로 적어[記] 외움[暗]

 1. 자세　　　　2. 솔직

인형을 움직여 하는 연극, 인형극 　23쪽

등산 산[山]을 오름[登]
등교 학교[校]에 감[登]
운동장 운동[運動]할 수 있는 넓은 마당[場]
입장료 어떤 곳[場]에 들어가기[入] 위해 내는 값[料]

 1. 인형극　　　　2. 대사

중간에서 알려 주는 것, 소개 　27쪽

경적 조심하라고[警] 위험을 알려 주는 피리[笛] 소리
해경 바다[海]를 살피는[警] 경찰
신고 나라의 기관에 사실을 말하여[申] 알림[告]
고백 마음속에 생각하고 있는 것을 상대방에게 숨김없이 알려[告] 말함[白]

 1. 자기 소개서　　2. 안내문

한자, 꼬리에 꼬리를 물고

식사 음식을 먹는[食] 일[事]

농사 채소나 곡식, 과일 등을 심어 길러 [農] 거두는 일[事]

실력 실제로[實] 갖추고 있는 힘[力]이나 능력

성실 태도나 행동이 정성스럽고[誠] 참됨 [實]

콕! 콕! 단어 확인!

 1. 설명   2. 조사

3. 사실

한자, 꼬리에 꼬리를 물고

특선 여러 가지 중 특별히[特] 뛰어난 것 을 가려[選] 뽑음

독특 특별히[特] 혼자[獨]만 다름

체험 몸소[體] 직접 겪음[驗]

실험 실제로[實] 시험해[驗] 봄

콕! 콕! 단어 확인!

 1. 특징   2. 경험

한자, 꼬리에 꼬리를 물고

충신 충성스러운[忠] 신하[臣]

충무공 충성스럽고[忠] 굳센[武] 사람에게 내리던 벼슬[公] 이름

경고 조심하도록[警] 알려[告] 줌

예고편 미리[豫] 알려[告] 주는 작품[篇]

콕! 콕! 단어 확인!

칭찬 •   • "사용한 물건은 제자리에 갖다 놔야지."

충고 •   • "네 웃는 얼굴을 보면 나도 덩달아 기분이 좋아져."

한자, 꼬리에 꼬리를 물고

초인종 사람[人]을 부르는[招] 종[鐘]

초청 다른 사람을 청하여[請] 부름[招]

대피 위험이 지나가기를 기다리며[待] 잠 시 피함[避]

기대 어떤 일이 이루어지도록 바라고[期] 기다림[待]

콕! 콕! 단어 확인!

 1. 초대   2. 초대장

3. 안부

모여 의논하는 일, 회의 47쪽

한자, 꼬리에 꼬리를 물고

회장 모임[會]을 대표하는 우두머리[長]

조회 학교나 회사 등에서 아침[朝]에 한자리에 모이는[會] 일

상의 어떤 일을 서로[相] 의논함[議]

이의 다른[異] 의견[議]

콕! 콕! 단어 확인!

 1. 회의   2. 주장

미리 헤아려 봐요, 예측 51쪽

한자, 꼬리에 꼬리를 물고

예상 미리[豫] 생각함[想]

감상문 마음에서 느낀[感] 생각[想]을 적은 글[文]

초상화 사람의 모습[象]과 닮게[肖] 그린 그림[畫]

상상력 실제로 경험하지 않은 일이나 사물의 모양[像]을 마음속으로 생각하는[想] 힘[力]

콕! 콕! 단어 확인!

 1. 차례   2. 예측

수를 나타낸 글자, 숫자 57쪽

한자, 꼬리에 꼬리를 물고

단층 하나[單]로만 이루어진 층[層]

명단 사람들의 이름[名]을 적은 종이[單]

왕위 임금[王]의 자리[位]

순위 차례[順]를 나타내는 자리[位]

콕! 콕! 단어 확인!

 1. 이(백) 칠(십) 오 2. 삼(백) 오(십) 사

 1. (542), 422   2. 423 , (463)

재미있는 계산, 수직선과 수모형 61쪽

한자, 꼬리에 꼬리를 물고

모양 겉을 본떠서[模] 나타낸 생김새나 모습[樣]

모범 본받아[模] 배울만한 본보기[範]

혈액형 본보기[型]가 되는 4가지 혈액[血液]의 종류

자유형 자유[自由]롭게 하는 수영법[型]

콕! 콕! 단어 확인!

 5

수학

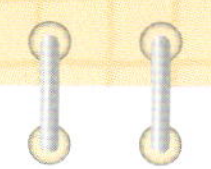

한자, 꼬리에 꼬리를 물고

정직 성품이 올바르고[正] 곧음[直]
직진 한 방향으로 곧게[直] 나아감[進]
곡선 굽어진[曲] 선[線]
차선 차[車]가 똑바로 가도록 그어 놓은 선[線]

콕! 콕! 단어 확인!

1. 선분　　　2. 직선
3. 면

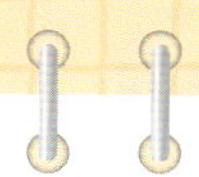

한자, 꼬리에 꼬리를 물고

지도 땅[地]의 모양을 그린 그림[圖]
도장 나무나 돌에 그림[圖]이나 글[章]로 이름을 새긴 것
지형 땅[地]의 모양[形]
대형 사물의 큰[大] 모양[形]

콕! 콕! 단어 확인!

4, 4, 사각형

한자, 꼬리에 꼬리를 물고

주번 반의 일을 일주일[週]마다 차례[番]대로 돌아가며 맡는 일
주말 한 주[週]의 끝[末]
생일 태어난[生] 날[日]
국경일 나라[國]의 기쁜 일[慶]을 기념하려고 정한 날[日]

콕! 콕! 단어 확인!

 1. 오후　　　2. 일주일

한자, 꼬리에 꼬리를 물고

수칙 지켜야[守] 할 행동을 정한 법[則]
교칙 학교[校]에서 지켜야 할 법[則]
계단 오르내리기 편하도록 층층이[階] 구분[段]해 놓은 돌
유단자 태권도, 유도 등에서 실력을 갖춰 그 능력을 나타내는 단[段]을 가진[有] 사람[者]

콕! 콕! 단어 확인!

 1. 규칙　　　2. 구구단
 10

잠자리에서 일어나는 일, 기상 　83쪽

한자, 꼬리에 꼬리를 물고

숙소 집을 떠나서 임시로 잠자는[宿] 곳[所]

합숙 여러 사람이 함께 모여[合] 잠[宿]

출제 시험 문제[題]를 내는[出] 일

문제 답을 알고 싶어 물어본[問題] 질문

콕! 콕! 단어 확인!

　1. 기상　　2. 숙제

옷차림을 바르게, 단정 　87쪽

한자, 꼬리에 꼬리를 물고

정답 올바른[正] 해답[答]

훈민정음 백성[民]을 가르치는[訓] 바른[正] 소리[音]

양복 서양[洋]에서 들어온 옷[服]

내복 겉옷 안[內]에 입는 옷[服]

콕! 콕! 단어 확인!

　안전모

다른 사람을 생각해요, 배려 　91쪽

한자, 꼬리에 꼬리를 물고

식탁 음식을 놓고 먹는[食] 탁자[卓]

급식 학교나 회사 등에서 음식[食]을 나눠 주는[給] 일

경로당 노인[老]을 공경[敬]하는 의미로 노인들이 쉴 수 있게 만든 집[堂]

서당 옛날에 글[書]을 가르치던 집[堂]

콕! 콕! 단어 확인!

　1. 식당　　2. 박물관

알맞게 아껴 써요, 절약 　95쪽

한자, 꼬리에 꼬리를 물고

명절 해마다 지키고 즐기는 이름난[名] 날[節]

제헌절 법[憲]이 만들어진[制] 날[節]

약속 다른 사람과 앞으로의 일을 미리 맺어[約] 묶어[束] 둠

예약 미리[豫] 정해[約] 놓은 것

콕! 콕! 단어 확인!

　1. ○　　2. ○
　3. ×　　4. ×

한자, 꼬리에 꼬리를 물고

이별　서로 떨어져[離] 헤어짐[別]
거리　서로 떨어져[距離] 있는 길이
산발　머리카락[髮]을 풀어 헤친[散] 모습
해산　모였던 사람이 풀어져[解] 흩어짐
　　　　[散]

콕! 콕! 단어 확인!

1. 남한　　　　2. 휴전선
3. 이산가족　　4. 통일

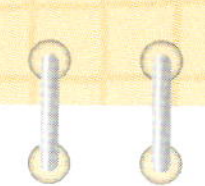

한자, 꼬리에 꼬리를 물고

귀가　집[家]으로 돌아감[歸]
가구　집[家]안 살림을 위해 갖춰[具] 놓은
　　　　물건
훈련　가르치고[訓] 익힘[練]
훈계　가르치고[訓] 타일러 경계함[戒]

콕! 콕! 단어 확인!

1. 가정　　　　2. 우애

한자, 꼬리에 꼬리를 물고

통로　이쪽에서 저쪽으로 통하여[通] 다니
　　　　는 길[路]
통화　전화로 이야기[話]를 주고받는[通] 것
보행자　길거리를 걸어서[步] 다니는[行]
　　　　사람[者]
비행기　하늘을 날아[飛]다니는[行] 기계
　　　　[機]

콕! 콕! 단어 확인!

1. ○　　　　2. ○
3. ×

한자, 꼬리에 꼬리를 물고

구명　목숨[命]을 구함[救]
구출　위험에 빠진 사람을 구해[救] 냄[出]
간호　아픈 사람을 돌보고[看] 보호함[護]
보호　위험에 빠지지 않도록 지키고[保] 보
　　　　호함[護]

콕! 콕! 단어 확인!

1. 생명　　　　2. 헌혈
3. 구호품

슬기로운 생활

몸과 마음이 자라요, 성장 `117쪽`

한자, 꼬리에 꼬리를 물고

호신술 몸[身]을 보호하기[護] 위한 기술[術]
변신 몸[身]이나 모습을 바꿈[變]
만리장성 길이가 만리[萬里]나 되는 긴[長] 성[城]
장어 몸의 길이가 긴[長] 물고기[魚]

콕! 콕! 단어 확인!

 1. 신장계   2. 체중계

내가 되고 싶은 것, 장래 희망 `121쪽`

한자, 꼬리에 꼬리를 물고

특이 보통의 것과 특별히[特] 다름[異]
특산품 고장에서 특별히[特] 나는[産] 물건[品]
장기 자신이 가지고 있는 가장 뛰어난[長] 재주[技]
묘기 아주 뛰어난[妙] 재주[技]

콕! 콕! 단어 확인!

 1. 소질   2. 노력

꾸준히 하는 일, 직업 `125쪽`

한자, 꼬리에 꼬리를 물고

축가 기쁜 일에 부르는 축하하는[祝] 노래[歌]
교가 학교[校]를 대표하는 노래[歌]
조수 도와주는[助] 일을 하는 사람[手]
박수 손뼉[手]을 침[拍]

콕! 콕! 단어 확인!

 가수

여러 사람을 위한 기관, 공공 기관 `129쪽`

한자, 꼬리에 꼬리를 물고

소화기 불[火]을 끄는[消] 데 쓰는 도구[器]
소독 몸에 해로운 독[毒]을 없앰[消]
방수 물[水]이 새거나 들어오는 것을 막음[防]
방파제 세차게 몰려오는 물결[波]을 막으려고[防] 항구에 쌓은 둑[堤]

콕! 콕! 단어 확인!

 1. 경찰서   2. 우체국
3. 보건소

한자, 꼬리에 꼬리를 물고

자동차　스스로[自] 움직이는[動] 차[車]
출동　목적지를 향해 움직여[動] 나감[出]
보물　소중하고 보배로운[寶] 물건[物]
건물　사람이 살기 위해 세운[建] 집[物]

콕! 콕! 단어 확인!

1. 애완동물　　2. 화분

한자, 꼬리에 꼬리를 물고

황금　노란빛[黃]이 나는 쇳덩어리[金]
주황색　붉은색[朱]과 노란색[黃]의 중간 색깔[色]
사막　모래[砂]로 뒤덮인 넓은[漠] 땅
산사태　산[山]의 모래[砂]가 한꺼번에 미끄러져[汰] 떨어짐

콕! 콕! 단어 확인!

폭설 · · 봄
황사 · · 여름
태풍 · · 가을
단풍 · · 겨울

한자, 꼬리에 꼬리를 물고

농산물　농사[農]를 지어 나는[産] 물건[物]
수산물　강이나 바다 등 물[水]에서 나는 [産] 물건[物]
지구　우리가 사는 공[球]처럼 둥근 땅[地]
지진　땅[地]이 흔들림[震]

콕! 콕! 단어 확인!

생산지 – (운반) – 진열 – (판매)

한자, 꼬리에 꼬리를 물고

고가　높은[高] 값[價]
정가　정해진[定] 값[價]
합격　시험에서 일정한 점수를 넘어 그 자리[格]에 적합함[合]
엄격　말, 태도 등의 법식[格]이 매우 엄함[嚴]

콕! 콕! 단어 확인!

1. 가격표　　2. 영수증

줄로 연주하는 악기, 현악기 — 151쪽

한자, 꼬리에 꼬리를 물고

고음 높은[高] 소리[音]

발음 입에서 나가는[發] 소리[音]

무색 아무런 색깔[色]이 없음[無]

염색 실이나 천 등을 다양한 색깔[色]로
물들임[染]

콕! 콕! 단어 확인!

관악기 •

타악기 •

그림을 그리는 종이, 도화지 — 155쪽

한자, 꼬리에 꼬리를 물고

전력 힘[力]을 온전히[全] 다 쏟음

전국 온[全] 나라[國]

표지 책의 겉[表] 종이[紙]

벽지 벽[壁]에 바르는 종이[紙]

콕! 콕! 단어 확인!

1. 도화   2. 습자

3. 전   4. 한

색이 가진 빛깔의 이름, 색채명 — 159쪽

한자, 꼬리에 꼬리를 물고

혼잡 여럿이 섞여[混] 복잡함[雜]

혼혈 서로 다른 인종의 피[血]가 섞임[混]

보호색 자신의 몸을 보호하기[保護] 위해
바꾸는 몸 색깔[色]

색지 색깔[色]이 있는 종이[紙]

콕! 콕! 단어 확인!

1. 배색   2. 혼색

3. 초록색

헤엄칠 수 있는 곳, 수영장 — 163쪽

한자, 꼬리에 꼬리를 물고

잠수 물[水]속에 잠김[潛]

수심 물[水]의 깊이[深]

수영복 물[水]에서 헤엄칠[泳] 때 입는 옷
[服]

배영 물 위에 등[背]을 대고 누워서 치는
헤엄[泳]

콕! 콕! 단어 확인!

1. 안전 규칙   2. 준비, 정리

한자, 꼬리에 꼬리를 물고

만화책 자유롭게[漫] 그린 그림[畫]을 엮어 만든 책[册]

산만 여기저기 흩어져[散漫] 어지러움

화가 그림[畫] 그리는 사람[家]

벽화 벽[壁]에 그린 그림[畫]

콕! 콕! 단어 확인!

1. 만화　　　　2. 잔상

3. 효과음

한자, 꼬리에 꼬리를 물고

대문 큰[大] 문[門]

대상 큰[大] 상[賞]

학예회 사람들 앞에서 배운[學] 재주[藝]를 선보이는 모임[會]

운동회 운동[運動] 경기를 하는 모임[會]

콕! 콕! 단어 확인!

1. 대회　　　　2. 수상

한자, 꼬리에 꼬리를 물고

우수 여럿 가운데 아주 뛰어남[優秀]

우대 특별히 넉넉하게[優] 잘 대접함[待]

결승 마지막 경기에서 이기고[勝] 지는 것을 결정함[決]

승패 이기고[勝] 짐[敗]

콕! 콕! 단어 확인!

1. 대표 선수　　　2. 응원

한자, 꼬리에 꼬리를 물고

농촌 농사[農]를 짓는 마을[村]

농부 농사[農]를 짓는 사람[夫]

악보 음악[樂]의 가락을 여러 기호를 사용해 적은[譜] 종이

성악 사람의 목소리[聲]로 이루어진 음악[樂]

콕! 콕! 단어 확인!

추석

설날

과목별 찾아보기

슬기로운 생활

즐거운 생활

과목별
찾아보기

가나다
찾아보기

가나다
찾아보기

일 기	日 記	日 記 日 記 日 記
	날 일 적을 기	속뜻: 매일매일 그날 있었던 일을 적은 글

하나 한자를 한 획 한 획 정성 들여 따라 써요.

둘 익힌 한자를 스스로 자유롭게 연습해 봐요.

셋 속뜻을 휘리릭 찾아 또박또박 적으면 한자어 공부도 끝!

한자 쓰는 순서를 '필순'이라고 해요. 필순의 몇 가지 원칙만 알아두면 한자를 빠르고 편리하게 쓸 수 있답니다.

왼쪽에서 오른쪽으로 쓴다.	川	丿 刂 川
위에서 아래로 쓴다.	三	一 二 三
가로획과 세로획이 교차할 때에는 가로획을 먼저 쓴다.	十	一 十
삐침과 파임이 만날 때에는 삐침을 먼저 쓴다.	入	丿 入
좌우의 모양이 같을 때에는 가운데를 먼저 쓴다.	小	亅 小 小
안쪽과 바깥쪽이 있을 때에 바깥쪽을 먼저 쓴다.	同	丨 冂 冂 同 同 同
꿰뚫는 획은 나중에 쓴다.	中	丶 口 口 中
오른쪽 위의 점은 나중에 찍는다.	犬	一 ナ 大 犬
받침은 나중에 쓴다.	近	ノ 厂 斤 斤 斤 近 近 近

대표 선수

代表選手

대신할 **대** 모범 **표** 뽑을 **선** 사람 **수**

代表選手

속뜻:

응원

應援

편들 **응** 도울 **원**

應援

속뜻:

우승

優勝

뛰어날 **우** 이길 **승**

優勝

속뜻:

● 옛사람들의 생활, **민속** 본책 176쪽~179쪽

민속

民俗

사람 **민** 풍속 **속**

民俗

속뜻:

세시 풍속

歲時風俗

해 **세** 때 **시** 바람 **풍** 풍속 **속**

歲時風俗

속뜻:

농악

農樂

농사 **농** 음악 **악**

農樂

속뜻:

● 재주를 겨루는 큰 모임, **대회** 본책 168쪽~171쪽

대회 大 會 큰 대 / 모일 회	大 會	속뜻:
참가 參 加 참여할 참 / 더할 가	參 加	속뜻:
참가자 參 加 者 참여할 참 / 더할 가 / 사람 자	參 加 者	속뜻:
경쟁 競 爭 겨룰 경 / 겨룰 쟁	競 爭	속뜻:
심사 審 査 살필 심 / 조사 사	審 査	속뜻:
수상 受 賞 받을 수 / 상 상	受 賞	속뜻:
시상 施 賞 줄 시 / 상 상	施 賞	속뜻:

● 선수 중 선수, **대표 선수** 본책 172쪽~175쪽

| 운동 경기 運 動 競 技 움직일 운 / 움직일 동 / 겨룰 경 / 재주 기 | 運 動 競 技 | 속뜻: |

준비 운동

準備運動

고를 **준** 갖출 **비** 움직일 **운** 움직일 **동**

準 備 運 動

속뜻:

휴식

休 息

쉴 **휴** 쉴 **식**

休 息

속뜻:

정리 운동

整理運動

가지런할 **정** 다스릴 **리** 움직일 **운** 움직일 **동**

整 理 運 動

속뜻:

● 자유롭게 그린 그림, **만화** 본책 164쪽~167쪽

만화

漫 畫

자유로울 **만** 그림 **화**

漫 畫

속뜻:

만화 영화

漫畫映畫

자유로울 **만** 그림 **화** 비칠 **영** 그림 **화**

漫 畫 映 畫

속뜻:

잔상

殘 像

남을 **잔** 모양 **상**

殘 像

속뜻:

성우

聲 優

목소리 **성** 연기자 **우**

聲 優

속뜻:

효과음

效 果 音

나타낼 **효** 정말 **과** 소리 **음**

效 果 音

속뜻:

● 색이 가진 빛깔의 이름, **색채명**   본책 156쪽~159쪽

● 헤엄칠 수 있는 곳, **수영장**   본책 160쪽~163쪽

콕! 찍어 주는 즐거운 생활 속 한자어

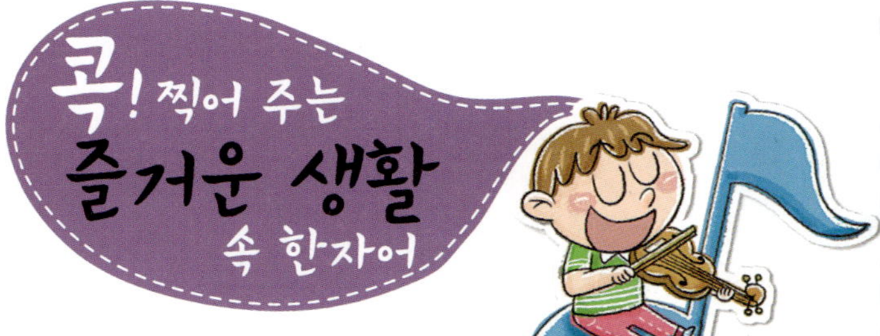

● 줄로 연주하는 악기, **현악기** 본책 148쪽~151쪽

악기	
樂 器	樂 器
음악 **악** 도구 **기**	속뜻:

현악기	
絃 樂 器	絃 樂 器
줄 **현** 음악 **악** 도구 **기**	속뜻:

관악기	
管 樂 器	管 樂 器
피리 **관** 음악 **악** 도구 **기**	속뜻:

타악기	
打 樂 器	打 樂 器
칠 **타** 음악 **악** 도구 **기**	속뜻:

음색	
音 色	音 色
소리 **음** 색깔 **색**	속뜻:

● 그림을 그리는 종이, **도화지** 본책 152쪽~155쪽

도화지	
圖 畫 紙	圖 畫 紙
그림 **도** 그림 **화** 종이 **지**	속뜻:

전지	
全 紙	全 紙
온전할 **전** 종이 **지**	속뜻:

영수증

領 收 證

받을 령　받을 수　알릴 증

領 收 證

속뜻:

領 收 證

받을 령　받을 수　알릴 증

● 옮겨 나르는 일, **운반** 본책 138쪽~141쪽

생산지		
生 産 地		
날 생	날 산	땅 지

生 産 地

속뜻:

운반	
運 搬	
옮길 운	나를 반

運 搬

속뜻:

진열	
陳 列	
늘어놓을 진	벌일 렬

陳 列

속뜻:

판매	
販 賣	
팔 판	팔 매

販 賣

속뜻:

구 매	
購 買	
살 구	살 매

購 買

속뜻:

● 물건 살 때 확인해요, **유통 기한** 본책 142쪽~145쪽

용도	
用 途	
쓸 용	길 도

用 途

속뜻:

가격표		
價 格 表		
값 가	이를 격	표시 표

價 格 表

속뜻:

유통 기한			
流 通 期 限			
흐를 류	통할 통	시기 기	기한정할 한

流 通 期 限

속뜻:

식물
植 物
심을 식　생물 물

植 物

속뜻:

화분
花 盆
꽃 화　그릇 분

花 盆

속뜻:

가로수
街 路 樹
길 가　길 로　나무 수

街 路 樹

속뜻:

● 봄·여름·가을·겨울, **사계절** 본책 134쪽~137쪽

사계절
四 季 節
넷 사　계절 계　계절 절

四 季 節

속뜻:

황사
黃 砂
누를 황　모래 사

黃 砂

속뜻:

태풍
颱 風
큰바람 태　바람 풍

颱 風

속뜻:

단풍
丹 楓
붉을 단　단풍나무 풍

丹 楓

속뜻:

폭설
暴 雪
갑자기 폭　눈 설

暴 雪

속뜻:

● 여러 사람을 위한 기관, **공공 기관** 본책 126쪽~129쪽

공공 기관

公共機關

여럿 공 함께 공 틀 기 기관 관

속뜻:

경찰서

警察署

주의할 경 살필 찰 관청 서

속뜻:

소방서

消防署

사라질 소 막을 방 관청 서

속뜻:

우체국

郵遞局

편지 우 보낼 체 관청 국

속뜻:

보건소

保健所

지킬 보 건강 건 곳 소

속뜻:

● 움직이는 생물, **동물** 본책 130쪽~133쪽

동물

動物

움직일 동 생물 물

속뜻:

애완동물

愛玩動物

사랑 애 즐길 완 움직일 동 생물 물

속뜻:

가축

家畜

집 가 기를 축

속뜻:

興味 **흥미**
興 味
흥겨울 흥　재미 미
속뜻:

努力 **노력**
努 力
힘쓸 노　힘 력
속뜻:

● 꾸준히 하는 일, **직업**　본책 122쪽~125쪽

職業 **직업**
職 業
일 직　일 업
속뜻:

醫師 **의사**
醫 師
치료할 의　사람 사
속뜻:

歌手 **가수**
歌 手
노래 가　사람 수
속뜻:

記者 **기자**
記 者
적을 기　사람 자
속뜻:

獸醫師 **수의사**
獸 醫 師
동물 수　치료할 의　사람 사
속뜻:

飼育師 **사육사**
飼 育 師
먹일 사　기를 육　사람 사
속뜻:

● 몸과 마음이 자라요, **성장** 본책 114쪽~117쪽

성장
成 長
이룰 성   어른 장

成 長

속뜻:

신체검사
身體檢査
몸 신   몸 체   살필 검   살필 사

身 體 檢 査

속뜻:

신장계
身 長 計
몸 신   길이 장   셀 계

身 長 計

속뜻:

체중계
體 重 計
몸 체   무게 중   셀 계

體 重 計

속뜻:

● 내가 되고 싶은 것, **장래 희망** 본책 118쪽~121쪽

장래 희망
將來希望
장차 장   올 래   바랄 희   바랄 망

將 來 希 望

속뜻:

소질
素 質
본디 소   성질 질

素 質

속뜻:

특기
特 技
특별할 특   재주 기

特 技

속뜻:

생명

生 命
살 생　목숨 명

生 命
속뜻:

헌혈

獻 血
바칠 헌　피 혈

獻 血
속뜻:

성금

誠 金
정성 성　돈 금

誠 金
속뜻:

구호품

救 護 品
구할 구　보호할 호　물건 품

救 護 品
속뜻:

우애
友 愛
벗 우　사랑 애
友 愛
속뜻:

화목
和 睦
어울릴 화　정다울 목
和 睦
속뜻:

가훈
家 訓
집 가　가르칠 훈
家 訓
속뜻:

● 길을 다닐 때 지켜요, **교통질서**　본책 104쪽～107쪽

교통질서
交通秩序
서로 교　통할 통　차례 질　차례 서
交 通 秩 序
속뜻:

표지판
標 識 板
표시 표　적을 지　판자 판
標 識 板
속뜻:

횡단보도
橫斷步道
가로 횡　끊을 단　걸음 보　길 도
橫 斷 步 道
속뜻:

우측통행
右側通行
오른쪽 우　옆 측　통할 통　다닐 행
右 側 通 行
속뜻:

승강기
昇 降 機
오를 승　내릴 강　기계 기
昇 降 機
속뜻:

저금

貯 金
쌓을 **저**　금 **금**

貯　金

속뜻:

● 남한과 북한이 하나로, **통일**　본책 96쪽~99쪽

남한

南 韓
남쪽 **남**　나라 이름 **한**

南　韓

속뜻:

북한

北 韓
북쪽 **북**　나라 이름 **한**

北　韓

속뜻:

휴전선

休 戰 線
멈출 **휴**　전쟁 **전**　줄 **선**

休　戰　線

속뜻:

이산가족

離 散 家 族
떨어질 **리** 흩어질 **산**　집 **가**　겨레 **족**

離　散　家　族

속뜻:

통일

統 一
합칠 **통**　하나 **일**

統　一

속뜻:

● 가족끼리 서로 정다워요, **화목**　본책 100쪽~103쪽

가정

家 庭
집 **가**　공간 **정**

家　庭

속뜻:

효도

孝 道
효 **효**　도리 **도**

孝　道

속뜻:

● 다른 사람을 생각해요, **배려** 본책 88쪽~91쪽

공공장소
公 共 場 所
여럿 공 함께 공 곳 장 곳 소

속뜻:

배려
配 慮
나눌 배　생각할 려

속뜻:

정류장
停 留 場
멈출 정 머무를 류 곳 장

속뜻:

식당
食 堂
먹을 식　집 당

속뜻:

박물관
博 物 館
넓을 박 물건 물 건물 관

속뜻:

경기장
競 技 場
겨룰 경 재주 기 곳 장

속뜻:

● 알맞게 아껴 써요, **절약** 본책 92쪽~95쪽

절약
節 約
알맞을 절 아낄 약

속뜻:

정돈
整 頓
가지런할 정 가지런할 돈

속뜻:

● 잠자리에서 일어나는 일, **기상** 본책 80쪽~83쪽

기상 起 牀 일어날 기 잠자리 상	起 牀 속뜻:
숙제 宿 題 잘 숙 문제 제	宿 題 속뜻:
준비물 準 備 物 고를 준 갖출 비 물건 물	準 備 物 속뜻:

● 옷차림을 바르게, **단정** 본책 84쪽~87쪽

단정 端 正 바를 단 바를 정	端 正 속뜻:
운동복 運 動 服 돌 운 움직일 동 옷 복	運 動 服 속뜻:
안전모 安 全 帽 편안할 안 온전할 전 모자 모	安 全 帽 속뜻:
한복 韓 服 나라 이름 한 옷 복	韓 服 속뜻:

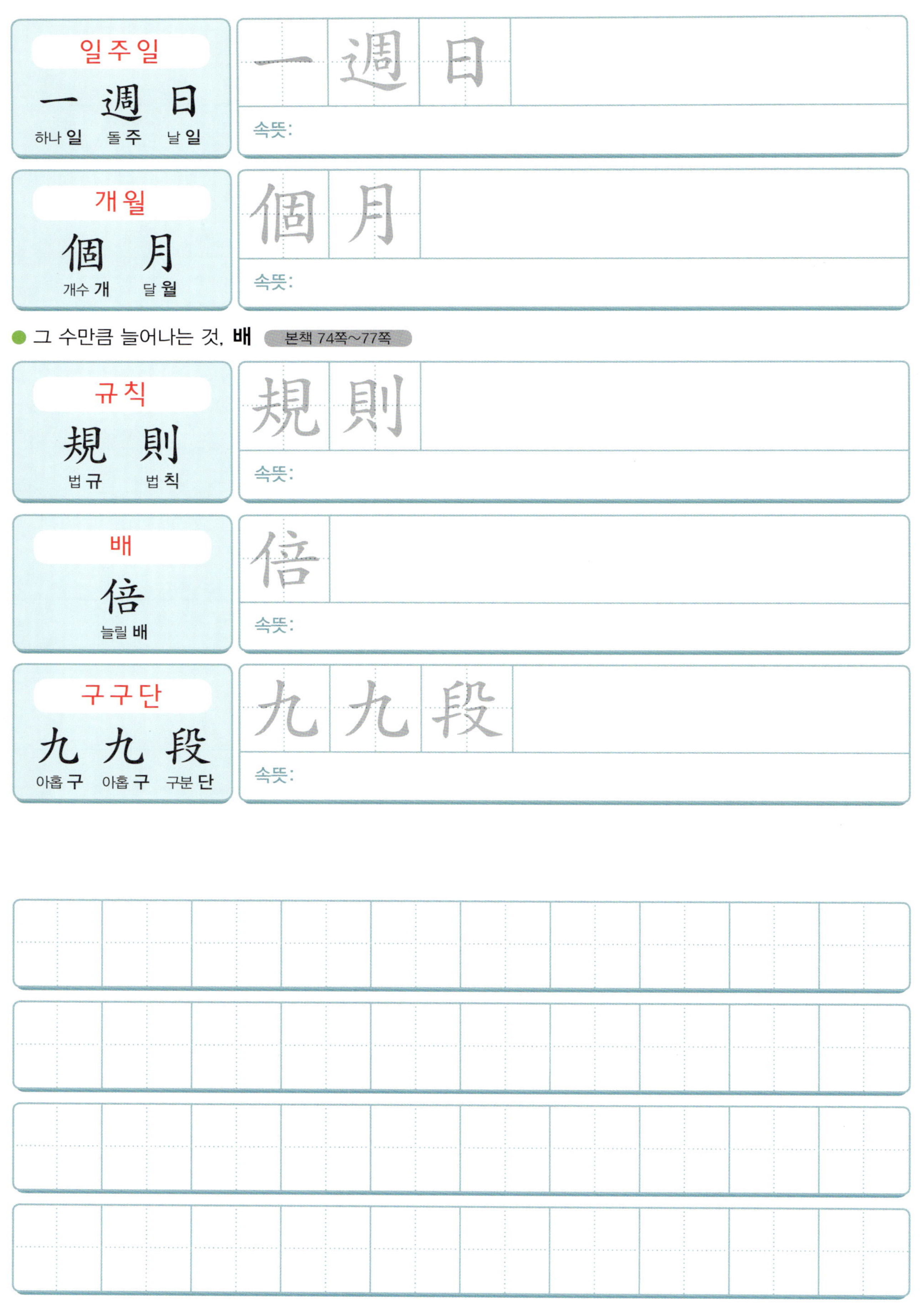

일주일
一 週 日
하나 일　돌 주　날 일
一 週 日
속뜻:

개월
個 月
개수 개　달 월
個 月
속뜻:

● 그 수만큼 늘어나는 것, 배　본책 74쪽~77쪽

규칙
規 則
법 규　법 칙
規 則
속뜻:

배
倍
늘릴 배
倍
속뜻:

구구단
九 九 段
아홉 구　아홉 구　구분 단
九 九 段
속뜻:

직선

直 線
곧을 직　줄 선

直 線

속뜻:

면

面
겉 면

面

속뜻:

● 그림의 모양, **도형**　본책 66쪽~69쪽

도형

圖 形
그림 도　모양 형

圖 形

속뜻:

삼각형

三 角 形
셋 삼　뿔 각　모양 형

三 角 形

속뜻:

사각형

四 角 形
넷 사　뿔 각　모양 형

四 角 形

속뜻:

원

圓
둥글 원

圓

속뜻:

● 하루의 시간, **오전**과 **오후**　본책 70쪽~73쪽

오전

午 前
낮 오　앞 전

午 前

속뜻:

오후

午 後
낮 오　뒤 후

午 後

속뜻:

● 수를 나타낸 글자, **숫자**　본책 54쪽~57쪽

숫자		
數 字	數 字	속뜻:
셀 수　글자 자		

단위		
單 位	單 位	속뜻:
하나 단　자리 위		

● 재미있는 계산, **수직선**과 **수모형**　본책 58쪽~61쪽

계산		
計 算	計 算	속뜻:
헤아릴 계　셈할 산		

수직선		
數 直 線	數 直 線	속뜻:
숫자 수　곧을 직　줄 선		

수모형		
數 模 型	數 模 型	속뜻:
숫자 수　본뜰 모　본뜰 형		

● 점을 이으면 **선**! 선을 이으면 **면**!　본책 62쪽~65쪽

선		
線	線	속뜻:
줄 선		

선분		
線 分	線 分	속뜻:
줄 선　나눌 분		

주장
主 張
주될 **주** 내세울 **장**

主張

속뜻:

찬성
贊 成
도울 **찬** 이룰 **성**

贊成

속뜻:

반대
反 對
뒤집을 **반** 마주할 **대**

反對

속뜻:

● 미리 헤아려 봐요, **예측** 본책 48쪽~51쪽

상상
想 像
생각할 **상** 모양 **상**

想像

속뜻:

차례
次 例
순서 **차** 규칙 **례**

次例

속뜻:

예측
豫 測
미리 **예** 헤아릴 **측**

豫測

속뜻:

충고	
忠 告	忠 告
진심 **충** 알릴 **고**	속뜻:

조언	
助 言	助 言
도울 **조** 말 **언**	속뜻:

부탁	
付 託	付 託
청할 **부** 맡길 **탁**	속뜻:

● 초대하는 편지, **초대장** 본책 40쪽~43쪽

초대	
招 待	招 待
부를 **초** 대접할 **대**	속뜻:

초대장	
招 待 狀	招 待 狀
부를 **초** 대접할 **대** 편지 **장**	속뜻:

편지	
便 紙	便 紙
소식 **편** 종이 **지**	속뜻:

안부	
安 否	安 否
편안할 **안** 아닐 **부**	속뜻:

● 모여 의논하는 일, **회의** 본책 44쪽~47쪽

회의	
會 議	會 議
모일 **회** 의논할 **의**	속뜻:

조 사
調 查
살필 조　조사할 사

속뜻:

정 리
整 理
가지런할 정　간추릴 리

속뜻:

사 실
事 實
일 사　실제 실

속뜻:

의 견
意 見
뜻 의　생각 견

속뜻:

● 미루어 헤아려요, **추측**　본책 32쪽~35쪽

특 징
特 徵
특별할 특　부를 징

속뜻:

추 측
推 測
밀 추　헤아릴 측

속뜻:

경 험
經 驗
지날 경　겪을 험

속뜻:

● 진심으로 타이르는 말, **충고**　본책 36쪽~39쪽

칭 찬
稱 讚
이야기할 칭　기릴 찬

속뜻:

등장인물
登場人物
오를 등 · 마당 장 · 사람 인 · 만물 물

登場人物

속뜻:

실감
實 感
실제 실 · 느낄 감

實 感

속뜻:

대사
臺 詞
무대 대 · 말 사

臺 詞

속뜻:

● 중간에서 알려 주는 것, **소개** 　본책 24쪽~27쪽

소개
紹 介
이을 소 · 끼일 개

紹 介

속뜻:

자기 소개서
自 己 紹 介 書
스스로 자 · 자기 기 · 이을 소 · 끼일 개 · 글 서

自 己 紹 介 書

속뜻:

안내문
案 内 文
인도할 안 · 내용 내 · 글 문

案 内 文

속뜻:

경고문
警 告 文
조심할 경 · 알릴 고 · 글 문

警 告 文

속뜻:

● 분명하게 밝혀 말해요, **설명** 　본책 28쪽~31쪽

설명
說 明
말할 설 · 밝을 명

說 明

속뜻:

● 되풀이하는 말, **반복** 본책 12쪽~15쪽

시 어
詩 語
시 시　말 어

詩 語
속뜻:

반 복
反 復
되풀이할 **반** 되풀이할 **복**

反 復
속뜻:

낭 송
朗 誦
맑을 **랑**　욀 송

朗 誦
속뜻:

● **일기**는 **자세**하고 **솔직**하게! 본책 16쪽~19쪽

일 기
日 記
날 일　적을 기

日 記
속뜻:

자 세
仔 細
작을 **자**　가늘 세

仔 細
속뜻:

솔 직
率 直
꾸밈없을 솔　바를 **직**

率 直
속뜻:

● 인형을 움직여 하는 연극, **인형극** 본책 20쪽~23쪽

인형극
人 形 劇
사람 **인** 모양 **형** 연극 극

人 形 劇
속뜻:

학교에서 가르쳐 주지 않는
교과서 한자어
이 단어 뜻이 뭘까?
2 학년
손으로 써 보는
한자 익힘책
다락원